JOSÉ BIANCO

PLANETA EXTREMO

UN VIAJE POR LOS FENÓMENOS DEL TIEMPO

Bianco, José
    Planeta extremo / José Bianco ; editado por Carolina Di Bella. - 1a ed
. - Ciudad Autónoma de Buenos Aires : Ediciones Lea, 2019.
    128 p. ; 24 x 17 cm. - (¡Quiero saber!)

    ISBN 978-987-718-611-6

    1. Climatología. 2. Cambio Climático Global. 3. Fenómenos Natu-
rales. I. Bianco, José. II. Título.
    CDD 551.6

PLANETA EXTREMO
es editado por
EDICIONES LEA S.A.
Av. Dorrego 330 C1414CJQ
Ciudad de Buenos Aires, Argentina.
E-mail: info@edicioneslea.com
Web: www.edicioneslea.com

Diseño de tapa e interior: Donagh / Matulich

ISBN 978-987-718-611-6

Primera edición.
Impreso en Argentina.
Esta edición se terminó de imprimir en
Mayo de 2019 en Arcángel Maggio - División Libros

JOSÉ BIANCO

PLANETA EXTREMO

UN VIAJE POR LOS FENÓMENOS DEL TIEMPO

AGRADECIMIENTOS

Quiero agradecer a todas las personas en las que pienso a diario y a todas de quienes he aprendido y sigo aprendiendo los valores importantes de la vida.

En particular quiero agradecerle:

A mi china *Laura*, por enseñarme tantas cosas importantes de la vida, por ser mi compañera y por tenerme tanta paciencia.

A mi mamá, *Adriana*, por educarme sin egoísmo, en libertad y con ejemplos.

A mi papá, *Eduardo*, por enseñarme a tener confianza, a mejorar y superarme cada día y a trabajar con pasión.

A mi hermano, *Pablo*, por hacerme sentir importante y querido incondicionalmente.

A mi hermana, *María Emilia*, por ser una persona tan íntegra y valiente.

A mi tía *Estelita*, por haberme enseñado tantas veces matemática y a la vez el valor del cariño.

A mis sobrinos, *Fermín, Tony, Gaspu, Josefina* y *Nacho*, que alegran cada vuelta a Bahía Blanca.

A *Bety,* por cuidarme desde chico y siempre con la mejor predisposición.

A *Marce Ghidini,* por enseñarme a tener amigos y a *todos los amigos* que vinieron luego y que me acompañan hasta hoy.

A *los amigos de Bahía, de la Facu, del estudio y del equipo de fútbol,* y también a los amigos de Buenos Aires como *Agus, Pablito, Ale, Lean* y *Mau.*

A mi querida *familia Ortiz* a la que aprecio mucho y con la que compartí tantas risas y lindos momentos.

Al *Club Atlético Liniers,* por enseñarme la responsabilidad y mostrarme qué importante es el compañerismo.

Al *Jardín de Infantes 901,* la *Escuela N°63* y al *Excolegio Nacional,* todos en Bahía Blanca, a las instituciones como a sus integrantes, por formarme y acompañarme en mi crecimiento.

A la *Facultad de Ciencias Exactas y Naturales de la Universidad de Buenos Aires,* por enseñarme muchas más cosas que las que enseñan las fórmulas: el amor, la pasión, la energía y la dedicación de cada uno de los docentes ha sido y es un ejemplo para mí.

Al doctor *Walter Vargas,* mi primer profesor, porque me convenció para que elija la Meteorología y también a *todo el grupo de profesores* que le siguieron y reforzaron mis ganas de dedicarme a la ciencia.

A *mis compañeros de trabajo* que hacen que día a día tenga ánimo para cruzar la ciudad para ir a trabajar y a *mis compañeros de viajes,* algunos de los cuales ya son mis amigos, como *el negro Chaves* y *Pablito Cirielli, Hernán* y *Mariano* con quienes hemos vivido aventuras increíbles.

Al equipo del *Noticiero Síntesis* con quien comparto gran parte del día y *al personal del Canal* que trabaja con pasión.

Al *Rifle Varela,* de quien aprendí muchas cosas y con quien pasé los mejores momentos laborales.

A *Matías Bertolotti,* por enseñarme tanto de meteorología y, últimamente, de la vida.

A *Horacio, el Uru,* por la ayuda en tantos proyectos y cada una de las charlas.

A *Caro Di Bella,* mi editora, por la pasión y el profesionalismo con los que trabaja y por la paciencia que me tuvo. También a *Ediciones Lea* por confiar en este proyecto.

Y principalmente a *cada uno de los lectores,* por brindarme un rato generoso de su valioso tiempo.

INTRODUCCIÓN

"La mayoría de las ideas fundamentales de la ciencia son esencialmente sencillas y, por regla general, pueden ser expresadas en un lenguaje comprensible para todos."

Albert Einstein

Mi nombre es **José Bianco** y me dedico a pronosticar el tiempo y a viajar por el mundo mostrando fenómenos naturales extremos. Cada vez que me preguntan cómo se me ocurrió ser meteorólogo respondo que no fue de un día para otro. Durante mi colegio secundario, en mi Bahía Blanca natal, me gustaban las tormentas, la matemática, la física y el fútbol. Pero, cuando llegó el momento de decidir qué hacer, mi sueño de jugar en River Plate y en la selección nacional se convirtió en un deseo imaginario, así que opté por estudiar. A los 17 años, y con el respaldo de mis padres, que siempre apoyaron mis decisiones y las de mis hermanos —Pablo es Ingeniero forestal y Emilia es maestra especial y fundadora de una escuela de equinoterapia en Bahía Blanca—, me anoté en la Universidad de Buenos Aires, en la Facultad de Ciencias Exactas y Naturales, para cursar la carrera de Meteorología, sin saber muy bien cuál sería mi salida laboral. Si bien todavía me queda pendiente el trabajo final para graduarme de licenciado, he completado los 6 años de la carrera de Licenciatura en Ciencias de la Atmósfera.

En las páginas que siguen te invito a realizar un recorrido para entender cómo funciona la naturaleza. Será un largo viaje por el universo, observando su formación para llegar directo a nuestra galaxia, pasando por la descripción de nuestro sistema solar hasta aterrizar en el planeta Tierra. Para que este viaje sea más atractivo clasifiqué los fenómenos naturales según su elemento clave, es decir, aire, tierra, agua, y fuego. Sobrevolaremos juntos el planeta para adentrarnos en los eventos más sorprendentes del tiempo hasta preguntarnos qué futuro nos espera. Volcanes, meteoritos, géiseres, tormentas, tornados, rayos, tsunamis, huracanes, eclipses, terremotos, son solo algunos de los fenómenos que te esperan en este *Planeta Extremo*.

También hablaremos del clima, su comportamiento desde la formación de la Tierra hasta la problemática actual asociada con el cambio climático que nos pide reaccionar cuanto antes de manera global.

Si bien abordaremos temáticas científicas, que involucran conceptos de la matemática y la física, he puesto todo mi esfuerzo en explicarlas de manera simple y accesible a todos los lectores, para aportar mi grano de arena a la divulgación científica y para hacer de este libro una puerta de entrada al mundo infinito y atrapante de la ciencia.

EL ORIGEN DEL UNIVERSO O NO HAY UNA TEORÍA PERFECTA

La ciencia y las creencias han conversado durante toda la historia de la humanidad. Generalmente, cuando la ciencia no logra encontrar respuestas, son las creencias y los mitos los encargados de ofrecerlas. Pero, cuando contamos con pruebas científicas irrefutables, las creencias y los mitos, tarde o temprano, terminan por aceptar las teorías científicas. Así sucedió cuando Nicolás Copérnico planteó que la Tierra no era el centro del sistema, sino que se trasladaba alrededor del Sol, o con la teoría de la evolución de Darwin, que contradijo que el ser humano fuera el resultado de la creación divina, entre otros tantos ejemplos. Sin embargo, hay una pregunta que invariablemente conecta las creencias con la ciencia: ¿qué existía antes del universo?

UN POCO DE HISTORIA...

En 1912, el astrónomo estadounidense **Vesto Melvin Slipher** observó con su telescopio que las que él bautizó *nebulosas* se alejaban de nosotros. En realidad, estaba ante la presencia de galaxias, aunque aún no lo sabía. Diez años después, en 1922, el matemático ruso **Alexander Friedman** ofreció la primera propuesta teórica sobre un universo en expansión basado en las ecuaciones de **Albert Einstein** con su teoría de la Relatividad General.

En 1924, el astrónomo **Edwin Hubble** descubrió que las nebulosas, que efectivamente se alejaban, en realidad no eran nebulosas sino galaxias. Este descubrimiento cambiaría el concepto del universo para siempre. Después de todo, no estábamos tan solos, existían otras galaxias además de la nuestra que se estaban alejando, lo que le permitió suponer que en algún momento estuvieron muy próximas.

En 1927, el sacerdote católico **Georges Lemaitre** llegó de manera independiente a las mismas ecuaciones que Friedman y propuso, en referencia al origen, que debía existir un momento de *"creación"*. Si bien para muchos esta teoría fue estrictamente religiosa, no estaba tan alejada de la ciencia. En 1929, Hubble observó que cuanto más lejos se encuentra una galaxia, más rápido se aleja, algo que Lemaitre ya predecía en sus explicaciones. Este descubrimiento reforzó la idea de un universo en expansión que a medida que se expande se enfría. Sin embargo, toda expansión proviene de algo inicialmente comprimido: *¿cuán comprimible podría ser nuestro universo?*

LA TEORÍA DEL BIG BANG

Según esta teoría, el universo se creó luego de una gran expansión a partir de un punto llamado **singularidad**. Este punto fue capaz de contener todo lo que hoy conocemos y todo lo que aún no hemos descubierto de nuestro universo. Con una densidad infinita y una temperatura que derrite hasta las leyes científicas, este pequeño punto *no tuvo un antes*. Nada existía antes que él porque hasta el espacio y el tiempo estaban contenidos en él. Si nos seguimos preguntando *"¿qué hubo antes de la singularidad?"* o *"¿quién puso ese punto ahí?"*, estaremos formulando mal las preguntas dado que esta teoría supone que el tiempo existe a partir de la expansión que ocurrió hace 13.800 millones de años. En esta instancia se instala la duda acerca de la existencia de alguien superior. Muchos creen en la existencia de un *"arquitecto divino"* que haya movido alguna pieza para que la expansión ocurra. La ciencia, por su lado, explica los inicios del universo con sus propias herramientas y gracias al hallazgo de nuevas hipótesis y teorías. De hecho, la teoría del Big Bang no es la única explicación que existe, pero es el resultado de años de investigaciones e hipótesis que la convierten en la más aceptada hasta hoy.

Para hacerlo más sencillo, voy a explicarte la teoría del Bing Bang con la siguiente lista ordenada:

1. Hace 13.800 millones de años toda la materia se concentraba **en un punto con altísima densidad y temperatura.**

2. En fracciones de segundo, imposibles de imaginar, se produjo una rapidísima **expansión** y **no una explosión** como muchos suponen.

3. A partir de esta expansión **la temperatura comenzó a descender** rápidamente a la par que se formaban partículas, como **protones y neutrones**, apenas un segundo después de comenzar.

4. Cuando la temperatura bajó lo suficiente, se formaron **átomos** y luego de mucho tiempo **estrellas**, **galaxias** y **sistemas planetarios** como el nuestro.

5. Aún quedan rastros de aquella gran expansión que concuerda con esta teoría. Los científicos siguen analizándolos y, si bien muchos hallazgos han sido anticipados por la teoría del Big Bang, surgen nuevos enigmas que no encuentran respuesta ya que nunca ha existido una teoría perfecta.

¿SABÍAS QUE...?

El científico de enorme creatividad **Fred Hoyle** (1915-2001) nunca se conformó con la explicación de la expansión del universo a partir de un punto inicial considerándola pseudociencia. En una emisión de la BBC en 1949 se refirió por primera vez a esta teoría y, con una clara intención peyorativa y humorística, la llamó *Big Bang*, sin saber en ese momento que, con su comentario irónico, estaba dándole nombre a la designación mundialmente popular de la idea que tanto rechazó.

ESA CAJA DE PANDORA LLAMADA UNIVERSO

En nuestro Universo existen cientos de miles de millones de galaxias dentro de las cuales existen cientos de miles de millones de estrellas. En una de ellas se ubica nuestro sistema solar y en uno de sus planetas estamos nosotros. ¿Te quedaste pensando? *¡No es para menos!* El universo sigue siendo una caja de pandora de la cual sabemos muy poco.

LA FOTO MÁS VIEJA DEL UNIVERSO

No se trata de una foto como las que nos tomamos habitualmente, sino una especie de fósil digital del universo a 380 millones de años del inicio de su expansión.
Vamos de a poco.
Si miramos el Sol, su imagen tardará 8 minutos en llegar hasta nosotros, es decir que el Sol que estamos viendo representa lo que le sucedió *en el pasado* hace exactamente 8 minutos. Así también, si alguien estuviera observando nuestro planeta desde alguna galaxia a 80 millones de años de distancia, vería a los dinosaurios caminando sobre la Tierra. *¿Esto significa que ver las cosas desde muy lejos nos permite ver en el tiempo?* Algo así. Tanto así que si *"miramos"* muy profundo

en el universo observaremos lo más antiguo que se puede ver de él, que es esta foto del *eco del Big Bang*. Esta primera imagen se basa en los datos recogidos durante los primeros 15 meses de observaciones del telescopio espacial Planck. Este primer mapa obtenido en 2013 muestra pequeñas fluctuaciones en la temperatura que se corresponden con regiones que presentaban una densidad ligeramente diferente en los primeros instantes de la historia del universo a las que podemos definir como *las semillas* de todas las estructuras, estrellas y galaxias que vemos hoy en día. Según el modelo cosmológico estándar, estas fluctuaciones se produjeron inmediatamente después del Big Bang, y crecieron hasta alcanzar una escala cósmica durante un breve periodo de expansión acelerada conocido como **inflación**.

¿DE QUÉ ESTÁ HECHO EL UNIVERSO?

Cualquiera de nosotros responderíamos que de galaxias, estrellas, planetas y vacío. *¡Ojalá fuera tan fácil!*

Actualmente, la ciencia no solo estudia la **materia ordinaria** que compone nuestro universo sino también la **materia oscura** que se llama así porque no podemos verla ya que no emite radiación de ningún tipo, por lo que no ha podido ser registrada. Se deduce su existencia a partir de los efectos que produce en la gravedad de las estrellas y las galaxias, y se cree que constituye el 27 % del universo. *¿Dónde está?* Los astrónomos sospechan que una cierta cantidad podría estar oculta de diferentes maneras o bien deberse a un error de cálculo. *Pero esto no termina acá.*

Si el universo está en expansión, *¿qué hace que las galaxias se alejen entre sí en lugar de atraerse?* Al parecer el universo está dominado en un 70 % por energía oscura. La fuerza que tiende a alejar las galaxias entre sí está provocada por una energía que no disminuye a pesar de la expansión del universo y a la cual los científicos actuales están investigando. Pero mejor, ¡no oscurezcamos más!, y hablemos del universo visible.

EL UNIVERSO: UN MONTÓN DE GALAXIAS

Desde el siglo XVIII se han observado galaxias (que fueron conocidas primero como nebulosas o universos islas) a través de los telescopios.

Según su forma se las suele dividir en:

1. **Elípticas**: De forma ovalada a circular, suelen tener un brillo parejo dado por estrellas mayoritariamente viejas y rojas las cuales se encuentran en movimiento impidiendo que caigan hacia el centro de la galaxia colapsándola. Representan el 15 % del total.

2. **Espirales**: Presentan un núcleo esférico en el centro de un disco poblado de estrellas y de materia interestelar, que se concentran a lo largo de brazos espirales. Poseen estrellas de todas las edades y todas las masas, así como una gran cantidad de gas y polvo. Lo que impide el colapso es la fuerza centrífuga dada por la rotación global de la galaxia. Representan el 60 % del total. Se dividen en:

   a) *espirales normales*: los brazos se desarrollan directamente a partir del núcleo;

   b) *espirales barradas*: presentan una gran barra central cuyas extremidades son el punto de partida de los brazos. ***A este grupo pertenece nuestra galaxia, la Vía Láctea.***

3. **Irregulares**: No tienen una estructura que encaje en la clasificación de espiral o elíptica. Solo representan el 5 % de las galaxias observadas.

4. **Lenticulares:** es un tipo de galaxia intermedia entre una galaxia elíptica y una galaxia espiral.

PLANETA EXTREMO

Nuestra galaxia chocará con la galaxia vecina de Andrómeda. Esto ocurrirá dentro de 5000 millones de años. *¡No es para preocuparse!* Falta mucho y además las galaxias están tan expandidas que raramente colisionen sus estrellas y sus planetas entre sí.

NUESTRO PLANETARIO

El sistema solar es nuestro sistema planetario y se formó hace 4650 millones de años. Está conformado por el Sol y ocho planetas orbitando a su alrededor, junto con sus lunas y objetos celestes, conocidos como asteroides y cometas. Hasta 1980 se pensaba que el nuestro era el único sistema planetario, pero con los años se descubrió una enorme cantidad de planetas orbitando otras estrellas a los que se denomina exoplanetas o planetas extrasolares. Si algún día te pierdes por el universo, ¿sabrías dónde queda la Tierra? ¿O dónde queda el Sol? Recorramos juntos nuestro lugar en el universo.

¿DÓNDE QUEDA EL SISTEMA SOLAR?

Lo primero que debes preguntar es cómo llegar a **Laniakea**, el supercúmulo de galaxias en el que vivimos. Luego, pregunta por la **Vía Láctea**, nuestra galaxia del tipo espiral barrada. La Vía Láctea es de tamaño normal comparada con el resto de las galaxias, con aproximadamente 100 000 años luz de extensión (esto significa que la luz tarda 100 000 años en atravesarla). Se calcula que contiene más de 200 000 millones de estrellas entre las cuales está el Sol. Se cree que justo en su centro existe un agujero negro supermasivo llamado **Sagitario A** en torno al cual orbita nuestro sistema solar cada 200 millones de años, desplazándonos para lograrlo a casi 900 000 kilómetros por hora sin percibirlo.

El sistema solar se sitúa en la parte interior del **brazo de Orión** a unos 26 000 años luz del centro de la galaxia. Aunque no lo creas, cada noche despejada, especialmente durante los meses de invierno del hemisferio sur, es posible contemplar este brazo simplemente mirando al cielo.

COMPOSICIÓN DEL SISTEMA SOLAR

Nuestro sistema solar se extiende hasta donde llega la influencia del viento solar. Está distancia se calcula en 16 000 millones de kilómetros. En su interior conviven el Sol, ocho planetas y planetas enanos, sus satélites, asteroides, cometas, meteoroides, polvo y gas interplanetario.

Los ocho planetas principales conocidos dividen al sistema solar en dos separando a los **planetas interiores o terrestres**, que son Mercurio, Venus, Tierra y Marte, y los **planetas exteriores o jovianos**, que son Júpiter, Saturno, Urano y Neptuno llamados los *"gigantes gaseosos"*.

Los interiores son pequeños y se los llama terrestres porque se componen de roca, hierro y metales. Excepto Mercurio, el resto tiene atmósfera significativa. La Tierra se ubica en la ecosfera del sistema solar, es decir, a una distancia adecuada de su estrella para poder albergar vida. El sistema solar interior finaliza luego de Marte, en donde existe un cinturón de asteroides.

Los exteriores son gigantes y acumulan el 90 % de la masa planetaria del sistema. Con la mitad de la masa de Júpiter podríamos formar el resto de los planetas nuevamente. Al ser tan grandes atrajeron grandes cantidades de gas y poseen más de cien lunas. Más allá de Neptuno, encontramos el **cinturón de Kuiper**, un cinturón de cuerpos helados y planetas enanos como Plutón, Eris, Makemake y Haumea. En la zona más remota del sistema solar hallamos la **Nube de Oort**, desde donde proceden los cometas.

Los ocho planetas giran prácticamente en un mismo plano llamado *"Plano de la eclíptica"*. Esto facilita encontrarlos en el cielo ya que desfilan por una línea imaginaria cerca de la cual también parecen desplazarse la Luna y el Sol. Venus y Mercurio están en órbitas más internas que la Tierra y nunca se alejan del Sol por lo cual solo es posible verlos durante el atardecer o el amanecer. Marte, Júpiter y Saturno pueden verse a simple vista, mientras que Urano y Neptuno no se pueden ver sin ayuda de binoculares o telescopios.

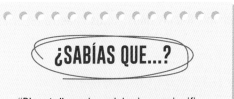

¿SABÍAS QUE...?

"Planeta" proviene del griego y significa "errante" ya que en la Antigüedad no podían encontrar leyes que explicaran su movimiento en el cielo.

MERCURIO   VENUS   TIERRA   MARTE   JÚPITER   SATURNO   URANO   NEPTUNO   PLUTÓN

LA DUPLA MÁS PAREJA

Después del Sol, la Luna el objeto más brillante del cielo que ha cautivado a los humanos desde el comienzo de los tiempos. Hoy, gran parte de sus secretos se han develado: sabemos cómo se formó, su edad y damos por aceptada que su relación con la Tierra tiene los días contados. Es el único satélite natural que orbita nuestro planeta y, en términos relativos, es el más grande con respecto al tamaño del planeta al que orbita de todo el sistema solar. Es decir, que ambos conforman la dupla más pareja. Por su cercanía y su masa, ejerce una marcada influencia sobre la Tierra. Es sabido que los océanos tienen mareas por la presencia de la Luna, pero pocos se han enterado de que al aire le pasa algo similar.

FASES DE LA LUNA

A medida que la Luna orbita alrededor de la Tierra, el Sol ilumina una de sus mitades. Desde la Tierra vemos que la relación entre luz y sombra va cambiando cíclicamente, casi mensualmente. El ciclo comienza con la **Luna nueva** cuando la Luna nos presenta su cara sombreada porque la disposición Sol-Luna-Tierra hace que la cara lunar iluminada sea la que mira al Sol y no la que apunta a la Tierra. Para que lo imagines mejor, es como si la Luna estuviese tomando Sol de espaldas. No podemos verla a plena luz del día porque se pega tanto al Sol que éste nos encandila. Luego, a medida que va creciendo la porción iluminada, comenzamos a ver la Luna en el cielo. La luna en **cuarto creciente** sale cerca del mediodía. La **fase llena** sucede cuando está del lado opuesto al Sol, es decir, en medio de la noche. La disposición Sol-Luna-Tierra es la que permite que veamos su cara visible completamente iluminada como si estuviese tomando sol de frente. La luna llena, al estar del lado opuesto al sol, siempre sale al atardecer y se pone al amanecer. El **cuarto menguante** es la fase intermedia entre la luna llena y la luna nueva y suele aparecer por el este, cerca de la medianoche.

© PABLO CIRIELLI: LUNA ROJA EN PLENO ECLIPSE TOTAL.

EL ORIGEN DE LA LUNA

La teoría más aceptada hasta el momento es la llamada "Gran impacto" según la cual la Luna es el resultado de una enorme colisión entre nuestro planeta y un objeto de un séptimo de su tamaño, similar al de Marte. Como resultado de este choque, la Tierra perdió parte de su masa en pequeños fragmentos que al unirse formaron la Luna.

Existen otras teorías menos preferidas por la comunidad científica que plantean la posibilidad de que la Luna haya sido "captada" por la Tierra o que se hayan formado de manera simultánea en el comienzo del sistema solar.

LA ILUSIÓN LUNAR

¿La Luna es más grande cuando sale?

Aun no se ha encontrado una teoría que explique perfectamente la "ilusión lunar" o la percepción del cambio de tamaño de la Luna. Lo único cierto es que el disco lunar siempre ocupa la misma porción del cielo durante todo su recorrido. Una teoría explica que cuando se encuentra cerca del horizonte comparamos su tamaño con montañas, edificios, faros u arboledas. Sabemos que estos elementos tienen un tamaño importante y los comparamos con el de la Luna al estar aparentemente juntos. Esta comparación hace que nuestra percepción se modifique.

De manera opuesta, cuando la Luna está solitaria en lo alto del cielo, su tamaño no pueda relativizarse con nada, dando la sensación de ser más pequeña. Un buen ejemplo de esta explicación es *la ilusión de Ebbinghaus*: ¿cuál de los dos círculos naranjas te parece más grande?

Ambos círculos naranjas son del mismo tamaño y todo depende contra qué se lo compare.

¿SABÍAS QUE...?

- Un día entero en la Luna equivale a 29,5 días terrestres.
- La superficie de la Luna es igual a la de África y Oceanía juntos.

⚡ PLANETA EXTREMO

La Luna se aleja de la Tierra a razón de 3,8 cm por año. Los astronautas de las misiones lunares han instalado varios reflectores que, al rebotar ases de luz láser lanzados desde la Tierra, permiten conocer la distancia a la que estamos de la Luna con precisión milimétrica. La causa del alejamiento radica en la fricción que las mareas generan sobre la Tierra afectando el movimiento conjunto entre ambas.

EL CLIMA NUNCA FUE ESTABLE

En este libro aprenderemos que nunca existió en la Tierra, desde su formación hasta la actualidad, un periodo largo y duradero de estricta estabilidad climática. En su inicio fue una bola incandescente, se solidificó, fue impactada por millones de asteroides, sus placas tectónicas se formaron, se juntaron, se dividieron, se volverán a juntar. Su órbita alrededor del Sol va presentando una enorme cantidad de movimientos, algunos cíclicos que se superponen con variaciones en ciclos propios del Sol. Como resultado hemos tenido la Tierra sin hielo por momentos, y en otros, cubierta completamente como una bola de nieve. El clima ha cambiado siempre, pero al parecer el hombre también está dejando su huella.

GLACIACIONES Y PERÍODOS GLACIALES

Desde su formación, hace cerca de 4600 millones de años, hasta hoy, la Tierra ha presentado al menos 7 grandes glaciaciones, también llamadas **edades** o eras glaciales. **No hay que confundir glaciaciones con periodos glaciales**. Dentro de cada glaciación, que puede durar millones de años, existen períodos más cortos de avance de hielo llamados **periodos glaciales**, y períodos de relativo calentamiento llamados **periodos interglaciales**. Desde hace varios miles de años estamos disfrutando de un periodo interglacial que ha permitido a nuestra civilización expandirse como nunca antes. Muchos se preguntan cuánto falta para el próximo periodo glacial, aunque es una pregunta de difícil respuesta debido al calentamiento que el humano está aportando al sistema climático.

¿QUÉ SABEMOS DE NUESTRA HISTORIA CLIMÁTICA?

La Tierra fue una bola incandescente hasta los 500 millones de años de edad, con volcanes en erupción y asteroides bombardeándola. Un lugar imposible de imaginar y no apto para la vida. Con la llegada del agua líquida, hace 3800 millones de años, surgieron las nubes, la precipitación, un océano gigante y el planeta fue enfriándose a valores más saludables. Esto posibilitó, hace 3600 millones de años, la aparición de las primeras formas de vida que fueron absorbiendo parte del dióxido de carbono, lo que generó temperaturas más bajas y mejores condiciones para la vida. Además, nuevos organismos inyectaron oxígeno favoreciendo la evolución de la vida en el planeta. Sin que se conozcan las causas, hace 2300 millones de años, la Tierra se cubrió de hielo dando paso a lo que se considera la **primera gran glaciación** o **era Huroniana**. Las hipótesis son tres: un meteorito que opacó el cielo, grandes erupciones volcánicas o que la Tierra atravesó una nube interestelar de polvo cósmico. El caso es que durante 300 millones de años nuestro planeta fue prácticamente una bola de nieve. Luego volvió a calentarse y desarrolló nuevamente condiciones que potenciaron la vida, pero hace 1200 millones de años, la historia se repitió originando la **segunda glaciación** en la que solo pudieron sobrevivir las especies de las zonas ecuatoriales donde el hielo no pudo instalarse. La **tercera gran glaciación** fue la más intensa ya que casi toda la Tierra se cubrió de hielo. Los volcanes sacaron al planeta del problema generando, con sus erupciones, un potente efecto invernadero que derritió el hielo y le devolvió la vida o lo que quedaba de esta hace 550 millones de años. La **cuarta gran glaciación** tiene al supercontinente Gondwana y a su deriva como sospechosos de haberla disparado hace 450 millones de años. Luego de ella se produjo el **periodo carbonífero** con un planeta rebosante de vida con bosques, insectos, anfibios y la aparición de los primeros reptiles. Hace 300 millones de años sobrevino la **quinta glaciación** en un planeta que contaba con un único continente llamado Pangea. Hace 200 millones de años, el hielo se derritió gracias a la nueva posición que presentaba el supercontinente. El clima en su centro era el más cálido y árido de la historia del planeta, pero en sus costas se presentaba húmedo y agradable. Fue entonces cuando aparecieron los dinosaurios y se desarrollaron los mamíferos.

La **sexta glaciación** sucedió hace 200 millones de años con los continentes en separación. El periodo cálido que le siguió estuvo marcado por el predominio de los dinosaurios hasta su extinción asociada a un gran asteroide que impactó en la península de Yucatán, México hace 65 millones de años. Con el enfriamiento que generó este impacto, producto de la imposibilidad de que los rayos solares calentaran el suelo, se inició la **séptima y última glaciación**. Hasta nuestros días se conservan los casquetes polares, por lo que muchos consideran que aún estamos dentro de la era glacial que marcó el fin de los dinosaurios.

Esto demuestra que nunca hubo estabilidad climática. En las páginas siguientes te propongo analizar que pasó en la Tierra desde que existimos los humanos y cómo el clima repercutió en nuestra historia.

©DEBAJO DEL GLACIAR PERITO MORENO JUNTO AL CAMARÓGRAFO JUAN PABLO CHAVES. 2018

EL CLIMA Y LAS CIVILIZACIONES

Desde la desaparición de los dinosaurios, la Tierra ha presentado una marcada tendencia al enfriamiento a lo largo de la era glacial en la que aún nos encontramos. El movimiento de los continentes hacia las zonas polares modificó aún más el clima del planeta. Hace cerca de 35 millones de años, la Antártida se desplazó al Polo Sur y se generó una corriente marina a su alrededor que impidió la llegada de agua cálida a sus costas. Nuestros primeros antepasados surgieron hace tres millones de años. Desde entonces, se han alternado largos periodos glaciares de climas fríos y secos, con cortos períodos interglaciales cálidos y con abundantes lluvias. La alternancia, según el geofísico serbio *Milutin Milankovi*, está determinada por cambios cíclicos en la manera en la que la Tierra orbita alrededor del Sol. En promedio, los periodos glaciales duran unos 100 000 años, mientras que los interglaciales rondan los 10 000. Actualmente, y desde hace 13 000 años, atravesamos un periodo cálido interglacial pero, aun dentro de él, se han dado fluctuaciones que colapsaron civilizaciones enteras.

LA HISTORIA EN CLAVE CLIMÁTICA

Hace cerca de cinco millones de años, la glaciación a la que estaba sometida la Tierra, provocó escasez de alimento que motivó a los monos a bajar de los árboles y a caminar en busca de comida. Así, los *primeros homínidos* comenzaron su evolución hacia el **Australopithecus**, que habitaría la sabana africana dos millones de años después.

El periodo cálido que se dio a continuación coincidió con el desarrollo de **las primeras comunidades** y su posterior expansión hacia otros continentes.

La primera gran migración del **Homo Erectus** se produjo hace 1,8 millones de años, al comienzo del Cuaternario, mientras que la segunda fue hace 130 000 años al comienzo de la última glaciación. En ambos casos, **la sequía** que acompañó a los enfriamientos pudo haber motivado **las migraciones**. Hace 50 000 años el **hombre del Cromagnon** arribó a Europa. Su expansión solo se pudo dar luego de la última glaciación, hace 15 000 años. El retroceso de los glaciares que cubrían gran parte del continente dio lugar a **bosques y zonas verdes aumentando la cantidad de alimento disponible**.

En otra parte del mundo, sobre el fin de la ultima glaciación, conocida como de Whür o Wisconsin, hace 12 000 años, el retroceso del mar generó un pasaje en el estrecho de Bering que sirvió como conexión para el **movimiento migratorio de Asia a América**. A lo largo de los últimos 125 000 años, se han registrado ciclos de enfriamientos seguidos por calentamientos muy violentos conocidos como *ciclos D-O* (Dansgaard-Oeschger).

Son enfriamientos cíclicos cada 1500 años aproximadamente y de diferentes intensidades. Los principalmente fríos ocurrieron hace 8200, 5900 y 4200 años y causaron enormes estragos en las civilizaciones de todo el mundo. Se sospecha que un enfriamiento conocido como *Joven Dryas* obligó a los antiguos pobladores de la medialuna fértil (actualmente Egipto, Turquía, Siria e Irak) a **desarrollar la agricultura para poder subsistir**. De ese entonces data la primera evidencia de una civilización humana hace unos 12 000 años en Gobekli Tepe, Turquía. Luego del enfriamiento del D-O de hace 5900 años, el clima fue más templado y húmedo y **los asentamientos se multiplicaron en las nuevas tierras fértiles**, entre los ríos Tigris y Éufrates. Allí se fundaron las primeras ciudades del **imperio Sumerio**.

Simultáneamente, sucedía algo similar sobre el río Nilo y el actual Egipto. Pueblos nómadas llegaban luego de abandonar el cada vez más árido desierto de Sahara. La caída del **imperio egipcio** estuvo indirectamente marcada por el clima tras sucumbir al **imperio romano**. Este último se expandió, en gran medida, por las **condiciones climáticas favorables** sobre Europa.

A principios de la **era cristiana**, la zona del mediterráneo era cálida y húmeda. Las generosas cosechas en la actual España y norte de África, facilitaron la imparable expansión del imperio romano. La imagen de los soldados romanos con ropa ligera y poco abrigo daba cuenta de los **veranos calurosos y los inviernos moderados** de entonces. Paralelamente, se desarrollaron grandes civilizaciones en América, China e India. A ese periodo se lo llama **cálido romano** y terminó a la par del imperio hacia el año 400 d.C.

Desde entonces, **los inviernos cada vez más crudos** desplazaron a los pueblos bárbaros del norte de Europa hacia el sur, colapsando las fronteras del imperio y acelerando su caída. Plagas y pestes, junto con malas cosechas, redujeron la población del decadente imperio y dieron paso a la oscura **Edad Media**. Se registró **un enfriamiento muy marcado** hasta el siglo IX en donde llegaron a congelarse el río Nilo y el mar Muerto. A lo largo del siglo X comenzó el **periodo cálido medieval** lo que permitió que los vikingos establecieran asentamientos en Groenlandia y en Islandia. Luego llegó la llamada **pequeña edad de hielo** que en realidad no fue tal sino una seguidilla de periodos extremadamente fríos que disparó episodios como **la gran hambruna** de 1315 en todo el norte de Europa hasta **el año sin verano** en 1816, luego de la erupción del volcán Tambora en Indonesia generando un enfriamiento sensible a nivel mundial. Durante esta época, se registró **la peste negra** proveniente de Asia que se cobró más de 45 millones de vidas acabando con un tercio de la población de Europa.

China también sufrió durante esta época con más de cien millones de muertes por hambruna entre 1810 y 1873. Fue además un tiempo de conflicto social y de revoluciones. La **revolución francesa** fue en gran parte producto de la escasez de alimentos como resultado de la erupción del volcán Laki, en Islandia, en el año 1781.

Desde entonces, estamos siendo testigos de **un periodo cálido** que ha contribuido al crecimiento económico, los avances tecnológicos y el aumento de la población global. Dentro de este período se registra un **lapso de aumento de temperatura** que va desde 1880 a 1940, seguido de **un enfriamiento** entre 1950 y 1970 que hizo que muchos creyeran que se avecinaba una nueva glaciación y un **periodo reciente** desde 1980 hasta la actualidad con aumento de temperatura.

FENÓMENOS DEL

AIRE

ESO QUE LLAMAMOS ATMÓSFERA

La *atmósfera* es la capa gaseosa que recubre al planeta y que se mantiene pegada a la Tierra gracias a la fuerza de la gravedad. Algunos suelen dividirla en capas según su temperatura. Sabemos que comienza al ras del suelo, pero… ¿dónde termina?

En la actualidad, son pocos los planetas que tienen la suerte de contar con atmósfera y, sin duda, somos afortunados en tenerla ya que, por ejemplo, hace que nuestro planeta sea un lugar térmicamente confortable. De no existir atmósfera, la Tierra presentaría días insoportablemente calurosos y noches extremadamente heladas. ¡Ah! Casi me olvido, también cumple el papel vital de protegernos de la radiación ultravioleta del Sol.

DIVIDIR PARA TRIUNFAR

Si analizáramos la atmósfera verticalmente notaríamos cambios en la composición y en la densidad del aire. De todas maneras, el criterio de división más utilizado es el de la variable temperatura.

Desde la superficie, las capas de la atmósfera son:

- **Tropósfera**: la capa más baja y donde se da la vida en la Tierra. Aquí suceden gran parte de los fenómenos meteorológicos que alteran nuestros planes.
- **Estratósfera**: A medida que ascendemos por esta capa la temperatura aumenta. Aquí se encuentra la máxima concentración de ozono, por eso se la conoce como la "capa de ozono".
- **Mesósfera**: la temperatura disminuye con la altura hasta los -140 °C. En esta capa se observan las "estrellas fugaces".

- **Termósfera**: se extiende hasta cerca de los 700 km de altitud, con aumento gradual de temperatura que llega hasta los 1000 °C. Aquí se manifiestan las Auroras Polares.
- **Exósfera**: es la capa más externa en la que los gases poco a poco se dispersan hasta que la composición es similar a la del espacio exterior.

¿DE QUÉ ESTÁ HECHO EL AIRE?

Si simplificamos la receta, para obtener el aire que respiramos deberíamos mezclar cuatro partes de Hidrógeno con una parte de Oxígeno. Nos estaría faltando Argón y pequeñísimas porciones de Neón, Helio, Criptón, Hidrógeno y varios gases más que en total suman menos del 1 % del cóctel. Si quieres volverte detallista, deberías tener en cuenta que, dependiendo del lugar del planeta en el que te encuentres, pueden encontrarse diferentes concentraciones de un gas fundamental: el vapor de agua.

¿SABÍAS QUE?

Durante mucho tiempo, la humedad atmosférica se midió con un cabello de mujer. Alguien se dio cuenta que la elongación del cabello es directamente proporcional a la humedad presente en el aire. Con esto logró generar un instrumento capaz de cuantificar esa elongación y generó una escala para medir la humedad presente en el aire. Según creían, el cabello femenino es más sensible a la humedad.

¿QUÉ NOS FALTA?

¡EXACTO! Los gases señalados como los sospechosos del calentamiento global. Su presencia en la atmósfera representa un porcentaje muy, pero muy bajo. De todas maneras, su papel es crucial en el equilibrio radiativo. Además, tiene un papel crucial en la vida terrestre. El dióxido de carbono, por ejemplo, representa menos del 0,03 % del aire, pero es vital en la fotosíntesis que realizan las plantas.

La atmósfera es tan fina que, si reducimos el tamaño de la Tierra al de un globo terráqueo convencional, el espesor atmosférico equivaldría a la capa de pintura del globo terráqueo.

¿EL AIRE SE MUEVE?

En efecto, el aire se mueve porque el Sol calienta la Tierra mucho en el Ecuador y poco en los Polos. Este parece un concepto muy simple, pero en realidad no lo es. La atmósfera y los océanos buscan disminuir ese desequilibrio y cuentan con algunos artilugios como el viento y las corrientes para transportar calor hacia las zonas polares o frías.

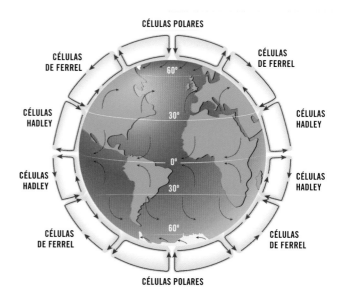

CÉLULAS POLARES
CÉLULAS DE FERREL
CÉLULAS DE FERREL
CÉLULAS HADLEY
CÉLULAS HADLEY
CÉLULAS HADLEY
CÉLULAS HADLEY
CÉLULAS DE FERREL
CÉLULAS DE FERREL
CÉLULAS POLARES
60°
30°
0°
30°
60°

Circulación del aire: Los movimientos del aire pueden ser verticales u horizontales. Los movimientos horizontales juegan un papel más importante que los verticales ya que minimizan los desequilibrios térmicos entre el Ecuador y los Polos. De todas maneras, las nubes, las tormentas, los desiertos, y la mayoría de los fenómenos meteorológicos, dependen de los movimientos verticales.

VIENTOS DEL ESTE

El aire asciende en el cinturón de bajas presiones ecuatorial y vuelve a bajar en las zonas de altas presiones. Desde estas zonas, vuelve a desplazarse hacia el Ecuador por la superficie. Debido al efecto de la Fuerza de Coriolis, el viento sufre una desviación hacia la derecha en el Hemisferio Norte y a la izquierda en el Sur. Estos vientos se conocen como vientos Alisios, y siempre soplan de Este a Oeste en la zona ecuatorial.

Otro ejemplo se observa en la zona de contacto entre el Cinturón subantártico de bajas presiones y la Alta polar. A nivel de la superficie, se forma un cinturón de vientos de componente Este que, debido a la ausencia de grandes masas continentales, suelen ser muy persistentes y llegan a alcanzar altas velocidades.

¿SABÍAS QUE...?

Para ahorrar en combustible y disminuir el tiempo del viaje, muchos aviones comerciales vuelan en estas corrientes para aprovechar el impulso de la velocidad del viento.

AIRE EN ACCIÓN

En la circulación de vientos global existen numerosas corrientes que transportan calor y lo distribuyen por todos los rincones del planeta. Una de las más famosas es la corriente en chorro: flujos de aire que van circulando en altura a gran velocidad y alrededor del planeta, de oeste a este.

Hay cuatro grandes corrientes en chorro circulando por el planeta, dos en cada hemisferio. La **polar**, se encuentra a los 60° de latitud en ambos hemisferios, y es responsable de la dinámica general de la atmósfera en latitudes medias; la **subtropical**, circula en torno a los 30° en ambos hemisferios.

ALTAS Y BAJAS

Durante el invierno, el aire sobre los continentes está más frío que el que se encuentra sobre el mar. Esto genera la aparición de centros de alta presión sobre los continentes y de bajas presiones en el mar. Durante el verano, la situación es inversa. Los continentes están más calientes que el mar. Por esta razón, sobre ellos se forman sistemas de bajas presiones, mientras que sobre el mar se forman altas presiones.

⚡ PLANETA EXTREMO

Habrás escuchado que el calentamiento global y el cambio climático aumentan la frecuencia e intensidad de las sequías e inundaciones. Hay teorías que sostienen que esto se relaciona con los cambios que produce en la corriente en chorro.

Según estas, si modificamos los patrones y mecanismos de los movimientos en las masas de aire cálidas y frías, estaremos desencadenando más olas de calor, sequías y humedad adicional en el aire que conduce a más inundaciones. Cambios pequeños en estas corrientes pueden generar impactos en el clima global, como ralentizaciones de las masas de aire. Pero, *¿qué puede provocar que las masas de aire fría y cálida que circulan en la corriente en chorro vayan más lentas?* Pues básicamente una menor diferencia de temperaturas entre el aire tropical y el aire polar. Y esta menor diferencia se está produciendo por el calentamiento global.

Luego de varios estudios se ha llegado a la conclusión que el ser humano, luego de la revolución industrial, ha provocado la reducción de un 70 % de la velocidad de la corriente en chorro. Esto puede provocar un aumento de fenómenos extremos como la sequía y las inundaciones.

Esto demuestra que el clima del planeta está ajustado a estas corrientes que funcionan como un mecanismo que se debe mantener estable si queremos que los fenómenos meteorológicos se sigan dando correctamente.

AIRE EN MOVIMIENTO

El viento es aire que se mueve de un lugar a otro, ya se trate de una ligera brisa o de un fuerte huracán. Procede directamente de la energía solar ya que el calentamiento desigual de la superficie de la Tierra produce zonas de altas y bajas presiones, y es este desequilibrio el que provoca desplazamientos del aire que rodea la Tierra, dándole origen. Definido como una corriente de aire de grandes proporciones, el viento se mueve de manera horizontal y nace de una diferencia de temperatura entre la Tierra, el mar y la rotación de la Tierra.

¿QUIÉN MUEVE AL AIRE?

Existen diversas formas por las que se puede producir el viento. La más frecuente es la existencia de dos puntos en distintas zonas entre los que se establece una diferencia de presiones o temperaturas. Cuando se trata de una variación de presión, las masas de aire tenderán a moverse desde donde hay más presión hacia donde hay menos. Debido a que entre el viento y la presión existe una relación muy estrecha, se hacen los mapas de isobaras. Estos mapas son los que representan las diferencias de presiones que a su vez dan información sobre la velocidad y dirección del viento. Las isobaras son las líneas con igual presión. Por esto, un mapa en el que las isobaras están muy juntas nos dirá que hace más viento, debido a que, en poco espacio, cambia mucho la presión.

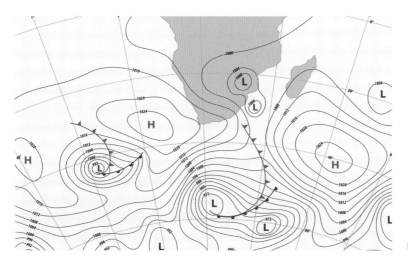

MAPA DE ISOBARAS

UNA CUESTIÓN DE FUERZA

El movimiento del aire es el resultado de la acción simultánea de varias fuerzas sobre una porción de aire. Las principales son la fuerza de gradiente de presión, la fuerza de coriolis, la de fricción y la de aceleración centrípeta. De éstas, la fuerza de coriolis y la de aceleración centrípeta son, en rigor, ficticias, y deben su existencia a que nosotros, como observadores, queremos analizar lo que le pasa al aire dentro de un sistema en rotación como es el de la Tierra. Por este motivo, conviene atribuir a dichas fuerzas ciertos efectos sobre el movimiento del aire en las proximidades de nuestro planeta.

DIFERENCIAS DE TEMPERATURA

El viento también puede originarse por una diferencia térmica. Cuando una masa de aire adquiere una temperatura superior a la de su entorno, su volumen aumenta, lo que hace disminuir su densidad. Por efecto de la flotación, la masa de aire caliente ascenderá, y su lugar será ocupado por otras masas de aire, que en su desplazamiento ocasionarán el movimiento de aire. Las brisas, por ejemplo, se producen de esta forma. También éste es el origen de las tormentas estivales y, a mayor escala, de los vientos predominantes en los trópicos.

¿CÓMO SE MIDE EL VIENTO?

Los datos más importantes para medir el viento son la velocidad y la dirección.
Generalmente, para medir la velocidad se utiliza el anemómetro de coperolas. El viento las empuja de manera similar a como sucede con un molino eólico. De esta manera, al contar las vueltas que da en un determinado periodo se puede inferir la velocidad con la que el aire se desplaza. Las unidades de medida son km/h o m/s.
Para medir la dirección se utilizan las veletas, que indican el punto cardinal desde donde sopla el viento.

ANEMÓMETRO DE COPEROLAS

AIRE FRÍO

En meteorología se habla de *helada* cuando la temperatura del aire dentro del abrigo meteorológico, a 1,5 metros de altura, es inferior a 0 °C. Existen otros criterios, como el agrometeorológico, según el cual se considera helada cuando la temperatura del aire ha bajado a punto tal de producir daños en los órganos de los vegetales afectados.

Por debajo de esa temperatura, el agua se solidifica formando cristales de hielo y acumulándose sobre el suelo, plantas o cualquier tipo de superficie. A este fenómeno se lo llama *escarcha*. Pero no siempre que la temperatura es inferior a 0 °C se forma escarcha.

BLANCAS Y NEGRAS

Utilizando el criterio de la temperatura, podemos clasificar las heladas en dos grupos:

Heladas blancas: se producen cuando la temperatura desciende por debajo de 0 °C y se forma hielo sobre la superficie de las plantas. Este tipo de heladas se produce con masas de aire húmedo. El viento calmo y los cielos despejados favorecen su formación.

Heladas negras: se producen cuando la temperatura desciende por debajo de los 0 °C pero no se forma escarcha. Esto se debe a que el aire es tan seco que la temperatura nunca alcanza para la temperatura de rocío. En estos casos, el enfriamiento de los cultivos es más brusco lo que les ocasiona mayor daño.

HELADA BLANCA

HELADA NEGRA

MECANISMOS HELADOS

Las heladas pueden producirse según distintos mecanismos. Veamos cómo se clasifican considerando este criterio:

Heladas de advección: se producen cuando una masa de aire muy frío invade una región. Suelen estar acompañadas de viento, nevadas y verse en invierno.

Heladas de radiación: se originan cuando la tierra se enfría durante las largas noches de invierno, con presencia de viento débil o calma.

Heladas de evaporación: cuando la temperatura desciende, pero el aire presenta humedad elevada, se deposita escarcha o rocío sobre las plantas.

¿CÓMO DEFENDERSE DE LAS HELADAS?

Existen distintos métodos para defender a las plantaciones de las heladas. Básicamente se clasifican en dos grupos: pasivos y activos.

Métodos pasivos

Son prácticas de tipo preventivo y suelen dar muy buenos resultados. Algunas de ellas son:

CALENTADORES

- Elegir zonas menos expuestas a las heladas, como zonas alejadas de los valles. El aire frío suele caer hacia ellos por su mayor densidad.
- Elegir especies y variedades resistentes.
- Humectar correctamente el suelo.
- Organizar los cultivos y las hileras para evitar que el aire frío quede atrapado entre las plantaciones. Hay que favorecer el drenaje de aire frío hacia las zonas bajas.
- También se utilizan retardantes de la floración para minimizar la chance de que las heladas tardías afecten a los cultivos en esa fase tan crucial.

RIEGO POR ASPERSIÓN

Métodos activos

Son distintas acciones que se proponen aportar calor para evitar que las bajas temperaturas perjudiquen las plantaciones. Algunos de ellos son ventiladores, cortinas de humo o nieblas artificiales, calentadores, riego por aspersión, y cortinas de plástico o de tela sobre los cultivos.

CORTINAS SOBRE CULTIVOS

MASAS DE AIRE

Una masa de aire se define como una gran porción de aire, con una extensión horizontal de varios centenares de kilómetros, cuyas propiedades físicas, en especial temperatura, contenido de humedad y gradiente vertical de temperatura, son más o menos uniformes. Obtiene sus características por el contacto prolongado sobre extensas áreas oceánicas o continentales con unas condiciones superficiales homogéneas, a las que se denomina *regiones fuente*. La adquisición de las características por parte de las masas de aire es un proceso lento, por lo que se forman en zonas donde se encuentran sistemas de presión con poco movimiento o estacionarios, como el cinturón subtropical, Siberia, Norte de Canadá y ambos polos.

LAS MASAS DE AIRE SE CLASIFICAN EN FUNCIÓN DE SU TEMPERATURA EN FRÍAS (ÁRTICA Y POLAR) O CÁLIDAS (TROPICAL); Y EN FUNCIÓN DE SU HUMEDAD EN SECAS (CONTINENTALES) O HÚMEDAS (MARÍTIMAS).

¿SABÍAS QUE...?

Los cumulonimbus o cumulonimbos son nubes de gran desarrollo vertical, internamente formadas por una columna de aire cálido y húmedo que se eleva en forma violenta. Su base suele encontrarse a menos de 2 km de altura mientras que la cima puede alcanzar unos 15 a 20 km de altitud.

LA PRESIÓN DEL AIRE

Aunque no lo notemos, el aire pesa. Como resultado del movimiento del aire y la rotación de la Tierra, aparecen alrededor del planeta zonas de alta y baja presión. Estas a su vez se desplazan modificando las condiciones del tiempo.

Ciclones

Se llaman así los sistemas de baja presión. En estas regiones a menudo se dan condiciones de nubosidad, vientos, periodos de lluvia y en invierno, nieve, tiempo inestable y cambiante. Un sistema de baja presión se desarrolla donde se produce un ascenso de aire caliente y relativamente húmedo desde la superficie de la Tierra. Estos son sistemas de isobaras cerradas (líneas de presión constante) que rodean una región de presiones relativamente bajas.

El aire que se encuentra cercano al centro del sistema de baja presión es inestable. A medida que el aire caliente y húmedo asciende, enfría las nubes, y así éstas se hacen más gruesas, por lo que se puede comenzar a formar lluvia o nieve.

En los sistemas de bajas presiones el aire sube en espiral desde la superficie de la Tierra. Si la presión es muy baja, el viento puede llegar a ser de tormenta o una fuerza huracanada. Por esta razón el término ciclón se ha usado también, aunque de manera poco precisa, para tormentas y alteraciones de estos sistemas de bajas presiones, para huracanes tropicales particularmente violentos y tifones.

Anticiclones

Se denominan así las regiones de alta presión. Comparados con los sistemas de bajas presiones, los anticiclones tienden a cubrir áreas más grandes, se mueven más lentamente y tienen una vida más larga.

Los anticiclones se producen por grandes masas de aire descendente. A medida que el aire desciende, se va formando el centro de alta presión; el aire que desciende se calienta y la humedad relativa disminuye, de manera que las gotitas de agua del aire rápidamente se evaporan.

Los anticiclones favorecen condiciones secas, cielos despejados y una marcada amplitud térmica durante el día.

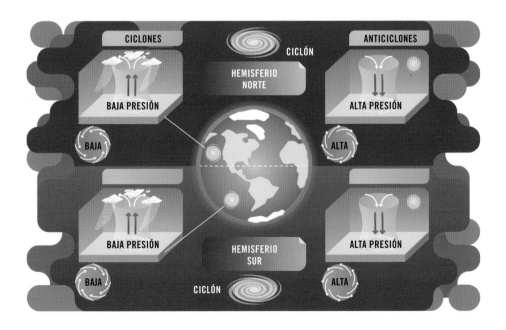

¿HURACÁN, TIFÓN, CICLÓN TROPICAL, TORMENTA TROPICAL? ¡QUÉ CONFUSIÓN!

¿Quién no ha soñado alguna vez con vivir o pasar una temporada en una paradisíaca isla del Caribe? Sin embargo, es probable que en un sueño tan ideal no venga incluido el peligro de vivir rodeado por un océano cálido forjador de uno de los fenómenos atmosféricos que más energía posee. Huracanes, tifones, ciclones tropicales, tormentas tropicales. ¿Cómo habría que llamarlos? Llegó el momento de conocerlos de cerca para comprender por qué se los considera uno de los fenómenos más mortales de la naturaleza. Si bien nos referiremos a los huracanes, los conceptos que iré explicando aplican también a toda clase de ciclón tropical, sea cual fuere el lugar del mundo en el que se forme.

¿QUÉ DIFERENCIA UN HURACÁN DE UN TIFÓN, UN CICLÓN O UNA TORMENTA TROPICAL?

El principal problema frente a esta pregunta reside en intentar asignar **nombres distintos a un mismo fenómeno**. En primer lugar, **en todos los casos se trata de circulaciones de aire que giran en torno a un centro de baja presión** (ciclones) y que, en este caso, se forman dentro o cerca de los trópicos. Es por este motivo que el nombre genérico para designarlos es el de **Ciclones tropicales**. El elemento que varía es **el lugar geográfico donde se generan**. Veamos:

- Si el ciclón tropical se forma en el Atlántico o en el este del pacífico se llama **huracán**.
- Si se produce sobre el noroeste del Pacífico se llama **tifón**.
- Si tiene lugar en el sudoeste del Pacífico y a lo largo del océano Índico se llama **ciclón tropical**. La principal diferencia entre los ciclones tropicales con sus primos extratropicales (además de que se encuentran, como su nombre lo indica, "fuera" de los trópicos) es que poseen un **núcleo cálido**. ¿Qué significa esto? **Que el motor de estos sistemas funciona gracias al calor que se libera en cada gota que se forma dentro de él.** Otra diferencia es que **los ciclones tropicales se originan dentro de aire húmedo y cálido**, mientras que **los extratropicales se forman sobre la línea divisoria que se crea entre masas de aire que tienen marcadas diferencias de temperatura entre sí.**

¿CÓMO SE MIDE LA INTENSIDAD DE UN HURACÁN?

Según el **Centro Nacional de Huracanes (NHC)**, con base en los Estados Unidos, **son los vientos promediados que ocurren durante un minuto dentro del ciclón los que determinan su intensidad**. Deben ser medidos a 10 metros de altura estando lejos de obstáculos como edificios o árboles que puedan afectar la medición. En otras partes del mundo, el viento se promedia sobre 10 minutos y esto suele traer problemas a la hora de comparar sistemas que se dan en diferentes zonas del planeta.

Una vez medidos los vientos se procede a categorizarlos mediante **la escala Saffir-Simpson**.

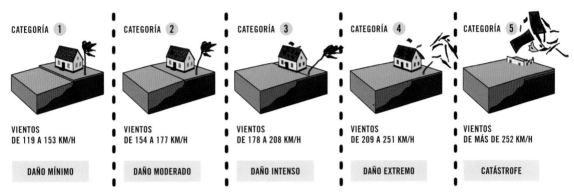

CATEGORÍA 1	CATEGORÍA 2	CATEGORÍA 3	CATEGORÍA 4	CATEGORÍA 5
VIENTOS DE 119 A 153 KM/H	VIENTOS DE 154 A 177 KM/H	VIENTOS DE 178 A 208 KM/H	VIENTOS DE 209 A 251 KM/H	VIENTOS DE MÁS DE 252 KM/H
DAÑO MÍNIMO	DAÑO MODERADO	DAÑO INTENSO	DAÑO EXTREMO	CATÁSTROFE

¿CÓMO SE FORMAN?

Los ciclones tropicales tienen su origen en un grupo de tormentas inicialmente desorganizadas. Previamente deben ocurrir en la zona circulaciones que hagan que el aire ya cuente con cierta rotación sobre sí mismo. La zona de formación **debe estar alejada al menos 500 kilómetros de la línea del Ecuador** para que la fuerza de coriolis pueda volverse lo suficientemente intensa como para organizar la rotación del ciclón. Todos estos ingredientes deben cocinarse sobre u**n mar con más de 26,5 grados de temperatura durante los primeros 50 metros de profundidad**. El aire marino caliente y húmedo será el combustible para mantener al ciclón activo. La evaporación realizada por los vientos viaja al centro del ciclón y se condensa a medida que asciende por el centro. **Esta condensación libera calor latente y potencia aún más los ascensos.** Esta retroalimentación seguirá fortaleciendo al sistema siempre y cuando se mueva en entornos favorables. Se entiende por esto, vientos suaves y un entorno húmedo. Si la depresión inicial logra intensificarse, **la tormenta tropical tomará la conocida forma en espiral producida por los vientos curvados**. De ahora en más podrá potenciarse hasta alcanzar la categoría 5 si todos los aspectos favorables se lo permiten. Cuando toque tierra firme comenzará a debilitarse por la pérdida del calor y de la humedad del océano, y también por la fricción con el suelo. Aún en proceso de debilitamiento, su impacto puede manifestarse con lluvias torrenciales y vientos intensos hasta varios días después de haber tocado tierra. El debilitamiento también puede ocurrir cuando el sistema avanza sobre aguas relativamente más frías. En todos los casos, **aun cuando se debilite, puede recuperarse y volver a fortalecerse cuando las adversidades desaparezcan.**

UNOS SEGUNDOS DE FURIA

Los tornados son el viento en su máxima expresión. Quienes han vivido la desgracia de sufrirlos, hablan de segundos de furia y caos. Solo un pequeño grupo de personas sueña día y noche con poder encontrarse cara a cara con uno de ellos: los cazatormentas.

HACIA EL INTERIOR DE UN TORNADO

Cuando hablamos de tornados nos referimos a un fenómeno meteorológico producido por una violenta y concentrada rotación de aire que se desprende de la base de una nube muy particular. Se trata de las nubes madres de los tornados llamadas **supercélulas**. Estas se desarrollan explosivamente trepando en el cielo con forma de torre superando los 10 km de altura. Cuando llegan al tope de la troposfera, desarrollan su típica forma de hongo o yunque. Su característica más importante no

siempre es observable a simple vista. El corazón de esta tormenta es la corriente de aire que sube a gran velocidad presentando una rotación conocida como **mesociclón**. Esta nube gira sobre si misma de manera similar al del movimiento de un trompo. Por lo tanto, hablaremos de tornado solo cuando la base de esta nube se conecta a tierra mediante un embudo de aire, gotas y polvo levantado desde el suelo. A este tipo de tornados se los conoce como **tornados supercelulares** y son los más violentos, aunque los menos frecuentes. Pueden alcanzar los 500 km/h y arrasar con pueblos enteros.

En promedio, los tornados se desplazan a 50 km/h. Algunos se mueven más lentamente, mientras que otros logran alcanzar velocidades de hasta 300 km/h. Su tamaño es sumamente variable, desde algunos metros hasta 1,5 km. Su duración promedio es de solo algunos minutos, aunque se han registrado tornados de más de una hora de duración. Pueden girar tanto en un sentido como en otro debido a que la aceleración dada por la fuerza de coriolis no llega a manifestarse tan intensamente como para imponer su sentido de giro.

¿CÓMO SE FORMA UN TORNADO SUPERCELULAR?

Si bien la ciencia continúa avanzando en la determinación de las condiciones, aún no se conocen a la perfección todos los mecanismos que desencadenan la formación de un tornado. La mayoría de las teorías coinciden en explicar cómo se forma una supercélula, pero **las diferencias surgen al momento de describir los eventos que gatillan los tornados**. Al parecer, el ascenso giratorio que se produce en el corazón de la tormenta es rodeado por aire muy frío y pesado que cae a tierra junto con la lluvia que se descarga desde otras zonas de la nube. Asimismo, el aire cálido que sigue ingresando a la nube llega a la base de esta habiendo ganado un giro similar al que ya posee. Cuando el aire que llega y la nube combinan sus giros, se alcanza a formar el fenómeno más violento de la naturaleza. Si bien es una simplificación, esta explicación permite acercarnos bastante a la realidad.

¿SABÍAS QUE...?

Un tornado que avance sobre el agua se llama **Tromba**. Las trombas también pueden ser supercelulares o no supercelulares. Al último caso se las denomina **Waterspout**.

⚡ PLANETA EXTREMO

¿QUÉ HACER ANTES DE UN TORNADO?

Cuando un tornado se aproxima, el ambiente se oscurece repentinamente, hay un descenso en la temperatura y se escucha un zumbido similar al de un enjambre de abejas. Es importante tomar las siguientes precauciones:

1. Es fundamental conocer la frecuencia de los tornados en la zona.
2. Tener a mano los números telefónicos de emergencia: bomberos, protección civil, policías, etc.
3. Si logras observar el evento, informar a las autoridades.
4. No salir de la vivienda.
5. Alejarse de las ventanas.
6. Buscar el lugar más interno de la casa. De ser posible un sótano.
7. Es conveniente permanecer en el piso, buscar protección bajo muebles sólidos, una mesa resistente o colocarse debajo del marco de alguna puerta o debajo de las escaleras de concreto.
8. Cubrirse con una toalla, almohada, manta o colocarse los brazos en la cabeza.
9. Si estás en la habitación, cubrirse con un colchón.
10. Proteger a la familia abrazándose entre todos y no soltar a los niños, ya que al volarse los techos pueden ser succionados por el tornado.
11. Las edificaciones como auditorios, gimnasios, aulas, tiendas de autoservicio, cafeterías, etc., pueden ser peligrosas porque la estructura del techo está apoyada únicamente por las paredes laterales.
12. Si estás al aire libre, busca una zanja e introdúcete en ella.

UNA MEZCLA DE AGUA Y AIRE

Las nubes son miles de millones de gotas y cristales de agua flotando en la atmósfera que todos hemos disfrutado alguna vez. Para los meteorólogos, las nubes son de mucha utilidad. Informan acerca de la dirección del viento, nos cuentan cuán estable o inestable se presentan algunas capas de la atmósfera y hasta nos permiten anticiparnos para determinar en qué lugar de una gran tormenta podría granizar o formarse un tornado.

¿CÓMO SE FORMAN LAS NUBES?

Cada vez que vemos una nube no estamos viendo vapor de agua sino gotas. El vapor es un gas invisible para el ojo humano. Es agua, sí, pero en estado gaseoso. El aire es más o menos húmedo según cuánta agua tenga disuelta en él. Solo podremos ver el agua disuelta en el aire cuando se condense en gotas o cuando forme cristales de hielo. En la atmósfera la presión disminuye con la altura, lo mismo que sucede a medida que nadamos desde el fondo de una piscina hacia la superficie. Esto nos permite comprender que una burbuja de aire que se eleva sea cada vez menos presionada por la atmósfera que la rodea. Este cambio de presión hace que la burbuja se expanda a medida que asciende aumentando su tamaño. En muchos gases, entre los que se incluye al aire, la expansión se asocia con enfriamiento. El aire frío tiene menos capacidad de retener vapor de agua por lo que llega un punto en que comienzan a formarse gotas. A este punto se lo llama **nivel de condensación por ascenso** y es el lugar donde comienzan a formarse las nubes. Las gotas quedan en suspensión siempre y cuando su peso pueda ser levantado por la corriente de aire que sube dentro de la nube.

LOS NOMBRES DE LAS NUBES

Los nombres de las nubes se forman combinando los cuatro nombres fundamentales que provienen del latín: cirros, cúmulos, estratos y nimbos. Así se obtienen los diez tipos o géneros de nubes que integran la clasificación moderna, que también considera a qué altura se forman. Los nombres se basan en la apariencia que presentan las nubes vistas desde el suelo.

- **Cirros**, del latín *cirrus* (mechón de pelo) sirve para nombrar a las nubes con forma de flecos o plumas.
- **Estratos**, del latín *stratus* (extendida, ensanchada) sirve para nombrar las nubes extendidas a lo largo de un mismo nivel o en capas.
- **Cúmulos**, del latín *cumulus* (montón) sirve para nombrar una distribución de nubes de a montones.
- **Nimbos**, del latín *nimbus* (nube de lluvia) sirve para nombrar las nubes con lluvia.

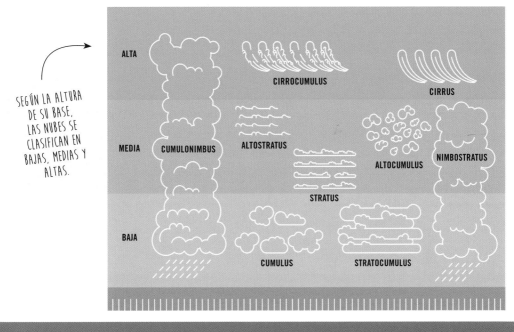

SEGÚN LA ALTURA DE SU BASE, LAS NUBES SE CLASIFICAN EN BAJAS, MEDIAS Y ALTAS.

ALTA · MEDIA · BAJA

CIRROCUMULUS · CIRRUS · CUMULONIMBUS · ALTOSTRATUS · ALTOCUMULUS · NIMBOSTRATUS · STRATUS · CUMULUS · STRATOCUMULUS

⚡ PLANETA EXTREMO

¿Sabías que además de los cúmulos, estratos y cirros, existen muchos otros tipos de nubes raras y llamativas, cada cual más impresionante? A continuación, te presento algunas de ellas:

Nubes pileo o pileus: pequeña nube encima de otra formación nubosa que se asemeja a un gorro o copa y que tiende a cambiar de forma muy rápidamente.
Nubes mastodóntica o mammatus: se asocian con las cumulonimbus y son las típicas con forma de yunque.
Nubes rollo o rodillo: alargadas con forma de cigarro. Suelen estar seguidas de cambios bruscos de temperatura y del viento.
Nubes enredadera o Morning glory (gloria matinal): se trata de un fenómeno meteorológico inusual, que ocurre en septiembre y octubre en la zona sur del Golfo de Carpentaria, en Australia. Pueden alcanzar hasta los 100 km de largo, y desplazarse a una velocidad de 60 km/h.

ENTRE LA LUZ Y LA OSCURIDAD

La Luna y el Sol siempre nos han despertado gran admiración, son tan familiares que cualquier cambio que en ellos se produzca suele afectarnos. Si bien los eclipses son fenómenos que suceden pocas veces al año, lo cierto es que hoy nos siguen llamando la atención incluso de la misma manera que cuando no se conocían sus causas. Cada vez que cualquier objeto del cielo pasa por delante de otro tenemos garantizado un hermoso espectáculo. Según el tamaño del astro ocultante y del astro ocultado, el fenómeno recibirá un nombre diferente: eclipse, tránsito u ocultación.

Un eclipse es el oscurecimiento de un cuerpo por la interposición de otro con tamaño aparentemente similar. *¡Un momento!* Todos sabemos que el Sol es mucho más grande que la Luna. Pero el Sol está mucho más alejado de la Tierra que la Luna y, en el cielo, el disco lunar y el solar, ocupan tamaños parecidos. Parecen similares, aunque su tamaño real no lo sea. Gracias a este efecto óptico es posible *"tapar el Sol con un dedo"*.
Desde la Tierra podemos observar dos tipos de eclipses: el **eclipse de Luna** y el **eclipse de Sol**. Cada uno de ellos puede ser total o parcial.

ECLIPSE DE LUNA

Iluminada por el Sol, la Tierra proyecta una sombra alargada en forma de cono en el espacio. Rodeando este cono de sombra, llamado **umbra**, se encuentra un área de sombra no tan oscura, llamada **penumbra**. Un **eclipse total de Luna** tiene lugar cuando la Luna ocupa completamente el cono de sombra. Y un **eclipse parcial de Luna** sucede cuando solamente una parte de la Luna ocupa el cono de sombra y se oscurece.

ECLIPSE DE SOL

En el **eclipse de sol**, la Luna cruza por delante del Sol y proyecta una sombra de oscuridad sobre la Tierra. Igual que el cono de sombra que genera la Tierra en el eclipse lunar, el de la Luna tiene una parte de sombra dura conocida como **umbra lunar** y una parte de sombra blanda conocida como **penumbra lunar**.

El eclipse total de Sol solo puede verse desde una pequeñísima porción del planeta. Se trata de un gran evento que convoca a curiosos de todo el mundo y, cuando ocurre, la oscuridad es tal que pueden verse las estrellas en un cielo que hasta hace unos minutos se encontraba en pleno día. Otra cosa llamativa es el marcado descenso de temperatura que puede bajar más de 10 grados.

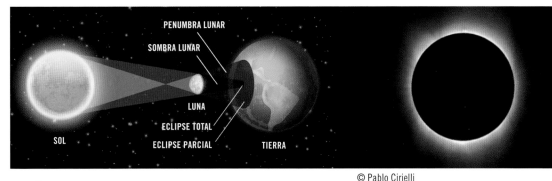

PENUMBRA LUNAR

SOMBRA LUNAR

LUNA

ECLIPSE TOTAL

SOL

ECLIPSE PARCIAL

TIERRA

© Pablo Cirielli

TRÁNSITOS Y OCULTACIONES

Existen otro tipo de eclipses observables desde nuestro planeta como los **tránsitos** y las **ocultaciones**. Ambos son fenómenos astronómicos similares, pero no tan espectaculares como los eclipses debido al tamaño pequeño de los cuerpos celestes que se interponen entre la Tierra y un astro brillante. Un caso célebre de los tránsitos son los del planeta Venus delante del Sol, y un ejemplo típico de ocultaciones son las de las estrellas o planetas detrás de la Luna.

⚡ PLANETA EXTREMO

Durante un eclipse total de Sol se pueden analizar muchos problemas astronómicos. Entre ellos, el tamaño y la composición de la corona solar y la refracción de los rayos de luz al pasar cerca del Sol debido a su campo gravitatorio. El gran brillo del disco solar y la iluminación producida por el Sol de la atmósfera de la Tierra hacen imposible las observaciones de la corona solar excepto durante un eclipse solar. El coronógrafo, un telescopio fotográfico, permite la observación directa del borde del disco solar en todo momento. En la actualidad, las observaciones científicas sobre los eclipses solares son muy valiosas, especialmente cuando el recorrido del eclipse barre amplias superficies. Una red compleja de observatorios especiales puede proporcionar a los científicos datos que aumenten la información sobre cómo afectan a la atmósfera de la Tierra las pequeñas variaciones del Sol y mejorar así las predicciones de las erupciones solares.

ASTEROIDES, METEOROS, METEORITOS, METEOROIDES... ¡ME PERDÍ!

Cada vez que los nombramos nos llena de miedo pensar que alguno pueda impactar sobre nuestro planeta. Sin embargo, es probable que debamos agradecerles a los asteroides el aporte de uno de los elementos fundamentales para la vida de nuestro planeta. Es aceptada la teoría que afirma que gran parte del agua llegó al planeta gracias a los impactos masivos de asteroides que golpearon la Tierra hace 3800 millones de años en un periodo conocido como *bombardeo intenso tardío*. ¿Pero cómo no temer que vuelva a suceder un nuevo bombardeo?

¿QUIÉN ES QUIÉN?

Los **asteroides** son objetos rocosos, algunas veces metálicos, que giran alrededor del Sol y que son demasiado pequeños para ser considerados planetas enanos. En 1802, el astrónomo inglés **William Herschel** comenzó a usar la palabra "asteroide" (que en griego significa *"parecido a una estrella"*) para referirse genéricamente a ellos. En su gran mayoría su órbita se ubica entre las de Marte y Júpiter, dentro de lo que se conoce como *"cinturón de asteroides"*. **La minoría restante es la que nos preocupa**. Varios interceptan la órbita de la Tierra y en el pasado han llegado a impactar sobre ella generando cráteres de variadas formas y tamaños.

El tamaño de los asteroides varía desde los 10 metros de diámetro hasta los de 200 kilómetros o más. Los fragmentos de asteroides inferiores a los 10 metros, o subfragmentos de estos, que siguen una trayectoria que los lleva a chocar con la Tierra, reciben el nombre de **meteoroides**. Cuando un meteoroide choca con nuestra atmósfera a gran velocidad, la fricción hace que este trozo de material se queme produciendo un destello de luz conocido como **meteoro**. Si el meteoroide no se consume por completo, lo que sobrevive impactará contra la Tierra y será llamado **meteorito**. *Por suerte, los impactos de meteoritos son mucho menos frecuentes que los devastadores impactos de asteroides.*

EL IMPACTO DE CRÁTER MEJOR CONSERVADO SE ENCUENTRA EN LOS EE.UU. SE TRATA DEL CRÁTER BARRINGER CERCA DE WINSLOW, ARIZONA.

LAS CICATRICES DE LOS ASTEROIDES

Los cráteres que vemos en la Luna también están presentes en la Tierra, aunque verlos no sea tan fácil. En la Tierra contamos con una atmósfera que ante cada ingreso de material tiene un eficaz plan de defensa. La simple fricción entre el aire y el objeto que ingresa a altísima velocidad termina por quemarlo generando las "*estrellas fugaces*".

¿Qué sucede con los intrusos de mayor tamaño? Muchos de ellos logran atravesar la resistencia del aire e impactan de lleno y a altísima velocidad contra nuestro planeta. Actualmente, muchos cráteres a lo largo del mundo se han convertido en atracciones turísticas.

¿SABÍAS QUE...?

Los asteroides de mayor tamaño y más representativos son *Ceres* (también considerado el menor planeta enano) con un diámetro de unos 1030 km, y *Palas* y *Vesta*, con diámetros de unos 450 km.

Un cráter en primera persona

De visita por Sudáfrica conocimos el cráter Tswaing. Su nombre significa *"lugar de sal"*. Está situado a 50 km al noroeste de Johannesburg y presenta una estructura muy bien conservada luego de los más de doscientos mil años desde el momento del impacto. Se sospecha que el asteroide rocoso que lo generó medía entre 30 y 50 m de diámetro. Generó un cráter de 100 m de profundidad y más de un kilómetro de diámetro.

Los restos arqueológicos encontrados en el cráter muestran que el lugar ha sido visitado frecuentemente por humanos en los últimos cien mil años. La alta concentración de sales que se depositan en el fondo del cráter fue un recurso muy utilizado por los antiguos habitantes de la zona.

© Diego Spairani

⚡ PLANETA EXTREMO

Se ha descubierto que varios planetas suelen tener compañeros de viaje. Son pequeños cuerpos celestes que comparten la órbita del planeta y se llaman *asteroides troyanos*. En el año 2010 se descubrió que la Tierra tiene uno que gira con nosotros alrededor del Sol al que se llamó 2010 TK7. Además, hay otro asteroide que, si bien no es troyano, comparte parcialmente la órbita de la Tierra cruzándola. Este amigo, no tan fiel como el anterior, se llama Cruithne y fue descubierto en el año 1986.

También existen los llamados *asteroides binarios*, un sistema de dos asteroides de tamaños similares girando entre sí en torno a su centro de masas. Se sospecha que los lagos Clearwater en Canadá se formaron debido a la caída de dos asteroides binarios. Se cree que el impacto sucedió hace 290 millones de años. Los cráteres formados tienen 26 y 36 km de diámetro y una superficie total de más de 1300 km^2.

LOS VIAJEROS DEL CIELO

Durante siglos, los cometas fueron relacionados con catástrofes inminentes. Algunos son fácilmente observables durante las noches despejadas y no requieren telescopios ni largavistas. En los últimos años se han enviado naves para espiarlos e investigarlos, misiones que han permitido acercarnos más a estos llamativos viajeros. ¿Cómo están hechos? ¿Cómo se formaron? ¿Cómo se mueven? ¿Son o no son una amenaza para la Tierra?

¿QUÉ SON?

Estas *"bolas de nieve sucia"*, tal como las definió un reconocido astrónomo, son cuerpos celestes formados por hielo, rocas y polvo que giran alrededor del Sol describiendo órbitas muy ovaladas. Esta orbita los acerca paulatinamente al Sol y los devuelve al espacio profundo, incluso, en algunos casos, más allá de la órbita de Plutón.

La cabellera y el núcleo forman **la cabeza** del cometa cuyo tamaño, en algunos casos, puede superar el de Júpiter, el mayor planeta de nuestro sistema solar. Sin embargo, la parte sólida de la mayoría de los cometas es muy pequeña y apenas ocupa unos pocos kilómetros cúbicos. Aun así, el brillo del núcleo es fácilmente observable como un punto de luz resplandeciente encabezando una cola de cientos de millones de kilómetros. Cuando el cometa se aproxima al Sol, el viento solar impacta su cabellera, haciendo que se alejen del núcleo del cometa las partículas de gas más livianas y creando lo que se denomina **la cola del cometa** que siempre tiene una dirección opuesta al Sol. En la cabellera hay partículas de polvo que pesan más que las partículas de gas y no son tan fácilmente desplazadas por el viento solar. Por este motivo, aparece **una segunda cola** cuya trayectoria es una mezcla de la primera cola y la de la órbita del núcleo. Algunas veces los cometas estallan, y en otros casos ya no se les ve reaparecer luego de acercarse al Sol. Si logran sobrevivir, igual habrán perdido parte de su masa. En cada vuelta pierden cada vez más masa volátil y pueden convertirse en otra roca del sistema solar. Por esta razón, se dice que los cometas tienen una vida corta, en una escala de tiempo cosmológica. Muchos científicos creen que algunos asteroides son núcleos de cometas extinguidos.

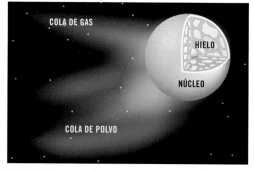

COLA DE GAS

HIELO

NÚCLEO

COLA DE POLVO

ESTRUCTURA DE UN COMETA

ORIGEN DESCONOCIDO

No se conoce una teoría comprobada acerca de dónde se originaron los cometas. Muchos astrónomos creen que se formaron en la parte exterior y fría de un entonces joven sistema solar a partir de residuos planetarios. El astrónomo danés **Jan Hendrik Oort** ha formulado una teoría que sugiere que la presencia de una *"nube de reserva"* de material formador de cometas se ha acumulado más allá de la órbita de Plutón. Si bien su teoría no fue comprobada, el mundo científico acepta que los cometas provienen de la hoy llamada *"nube de Oort"*.

¿SABÍAS QUE...?

De acuerdo a los casos observados, en promedio se sabe que el tiempo en que los cometas completan una órbita varía desde 3 años a más de 2000. Se sospecha que algunos cometas completan periodos mayores. En algunos casos, se estiman en más de 40 000 años, aunque son órbitas tan grandes que podrían ser modificadas por la gravedad de algún planeta a su paso.

EL PADRE DE LOS COMETAS

El primero que dedicó su vida a estudiarlos a fondo fue el astrónomo inglés **Edmond Halley** (1656-1742). Gracias a las observaciones realizadas en su telescopio astronómico, descubrió que se mueven a lo largo de órbitas ovaladas y que tres cometas reportados en 1531, 1607 y 1682 tenían características en común, especialmente cuestiones referidas a sus órbitas.

Maria Winkelmann, la primera mujer que descubrió un cometa

Berlín, 1702. Mientras su marido astrónomo observaba y analizaba con su telescopio una estrella variable, María intentó buscarla por sus propios medios. Durante su búsqueda, encontró un cometa. Su marido se maravilló con el hallazgo, pero prefirió postularse como el verdadero descubridor. Poco antes de morir, confesó su mentira y la animó a reclamar a la Academia de Berlín el título de Astrónomo Real, pero la gran mayoría de miembros de la prestigiosa entidad se negó, poniendo como excusa que carecía de estudios universitarios, algo a lo que las mujeres no tenían acceso. María falleció en 1720 y solo fue una cuestión de tiempo para que su mérito sea reconocido por toda la comunidad científica.

⚡ PLANETA EXTREMO

En el año 1992, el cometa Shoemaker-Levy 9 explotó en 21 fragmentos de gran tamaño a medida que era atraído por Júpiter. Durante una semana, en julio de 1994, los pedazos del cometa chocaron con la densa atmósfera de Júpiter a velocidades de 210 000 km/h. En el impacto, la enorme cantidad de energía que traían los fragmentos se convirtió en calor mediante explosiones masivas visibles como bolas de fuego de mayor tamaño que la Tierra.

UN ESPECTÁCULO MÁGICO

Las auroras polares son uno de los fenómenos más fascinantes que nos ofrece la naturaleza. El 17 de marzo de 1716, el astrónomo *Sir Edmund Halley* dio la primera explicación científica de este fenómeno: *"Los rayos aurorales se deben a las partículas que son afectadas por el campo magnético; los rayos son paralelos al campo magnético de la Tierra"*. De los casos más recientes, se recuerda el de la noche del 13 de marzo de 1989 en que todo el cielo se iluminó de un rojo brillante observado en Europa y Norteamérica y llegando a latitudes tan bajas como las de Cuba.

¿DE QUÉ SE TRATA ESTE FENÓMENO?

Las auroras son **fenómenos lumínicos** sorprendentes que se pueden ver en el cielo de las regiones polares, donde el aire de las capas altas de la atmósfera brilla resplandeciente por la noche. Se conocen como **auroras boreales** las que ocurren en el Polo Norte, y **auroras australes** las que se ven en el Polo Sur, aunque su nombre genérico es **auroras polares**.

En la figura se observa el campo magnético de la Tierra. Las partículas del viento solar quedan atrapadas en el campo magnético terrestre y son desviadas hacia uno de los polos magnéticos que forman **el cinturón de Van Allen**. En los polos, los cinturones de van Allen están lo suficiente cerca de la Tierra para entrar en la atmósfera y allí se produce **la colisión** entre las partículas cargadas y los átomos de la atmósfera dando lugar a las auroras.

¿CÓMO SE PRODUCEN LAS AURORAS?

Los choques de las partículas del **viento solar** alteran los átomos de la atmósfera y los vuelven **inestables**. Para volver a su estado fundamental, tienen que reaccionar químicamente o **liberar el exceso de energía en forma de luz**. Cuando este proceso emite luz visible se produce la aurora.

© Pablo Cirielli

¿SABÍAS QUE...?

Las auroras no solo existen en nuestro planeta; se han observado auroras en otros planetas del sistema solar como Júpiter, Saturno e incluso en Marte.

¿POR QUÉ SE VEN SOLAMENTE EN LATITUDES POLARES?

Los cinturones de partículas cargadas están, en su mayor parte, bastante separados de la superficie de la Tierra. Especialmente en el Ecuador, donde se alejan 45 000 km. Por este motivo no se observan auroras en zonas tropicales o subtropicales. Sin embargo, cerca de los Polos, los cinturones de Van Allen se introducen en la atmósfera a una altura de entre 80 y 500 km, y es por ahí por donde las partículas pueden interactuar con la atmósfera terrestre desplegando toda su magia. Vistas desde el espacio, las auroras polares forman un anillo llamado **aurora oval**.

LEYENDAS DEL TIEMPO

En la actual Finlandia, llamaban *Revontuli* a las auroras. "Revo" significa *zorro*, y "Tuli", *fuego*. Según la leyenda, cuando los zorros corrían por los montes lapones, golpeaban sus colas contra la nieve, y las chispas que saltaban se reflejaban en el cielo.

¿VERDADERO O FALSO?

¿Las auroras tienen sonido?
Quienes lo afirman, hablan de una sincronía entre las luces y el sonido que generan. Un mínimo análisis permite deducir que, para un fenómeno que ocurre 80 km de altura, el sonido debiera percibirse con casi 5 minutos de retraso con respecto a lo que captan nuestros ojos.
¡Es falso!

FENÓMENOS DE LA

TIERRA

NUESTRO HOGAR

La Tierra es la nave espacial con la que viajamos alrededor del Sol a una distancia óptima para que haya vida sobre nuestro planeta. Provista de una cubierta de gases que ayuda a retener el calor, y dotada de agua es, hasta el momento, el único planeta del sistema solar habitado por seres humanos. Es fundamental entender su dinámica y aprender a interactuar con él para adaptarse a sus cambios y alterar sus características de la manera más responsable posible. Desde su formación ha sido impactada por grandes asteroides, atacada por tormentas solares y hasta bombardeada por la radiación proveniente del espacio profundo. Recorramos juntos este camino desde sus comienzos hasta la actualidad.

¿QUÉ HACE QUE LA TIERRA SEA TAN ESPECIAL?

Nuestro planeta es el **tercer planeta desde el Sol** y **el cuarto en tamaño** de nuestro sistema solar. Su forma es la de una **esfera achatada en sus polos y dilatada en el Ecuador**, parecida a una pelota de fútbol luego de que alguien se sienta sobre ella. Está formada por **rocas y metales**, sólidos en su mayoría fuera del núcleo y fundidos dentro de él. Posee una **atmósfera con alta concentración de oxígeno**, temperaturas agradables y abundante cantidad de agua. Además de estas bondades, cuenta con un **campo magnético**, una **capa de ozono** y una **ionosfera** que nos protegen de las radiaciones solares potencialmente mortales y del impacto de muchos meteoroides.

¿CÓMO Y CUÁNDO SE FORMÓ?

En un brazo de nuestra galaxia, la **Vía Láctea**, se formó el Sol hace más **4600 millones de años**.

Alrededor de la nueva estrella, los restos incandescentes girando formaron gran parte de los planetas que hoy conocemos. En otras palabras, **somos retazos del Sol**. En particular, la Tierra se formó hace **4560 millones de años**.

Inicialmente al rojo vivo, nuestro planeta **se fue enfriando** con el paso de cientos de millones de años, hasta que después de más de mil millones de años aparecieron las primeras formas de vida. **Nunca dejó de evolucionar y nunca dejará de hacerlo**.

HISTORIA DE LA TIERRA

La historia geológica y biológica de la Tierra puede ordenarse sobre una escala temporal pensada de manera conjunta por científicos. La duración de cada periodo y la comparación entre ellos se comprende mejor observando el dibujo que muestra el tiempo geológico como si fuese un reloj.

Si resumiéramos la historia de la Tierra en 24 horas, el primer homínido aparecería 38 segundos antes del final del día y nuestra especie, el Homo sapiens, existiría desde hace menos de 4 segundos.

¿SABÍAS QUE...?

La Tierra es el único cuerpo astronómico en el que hemos podido constatar la presencia de vida.

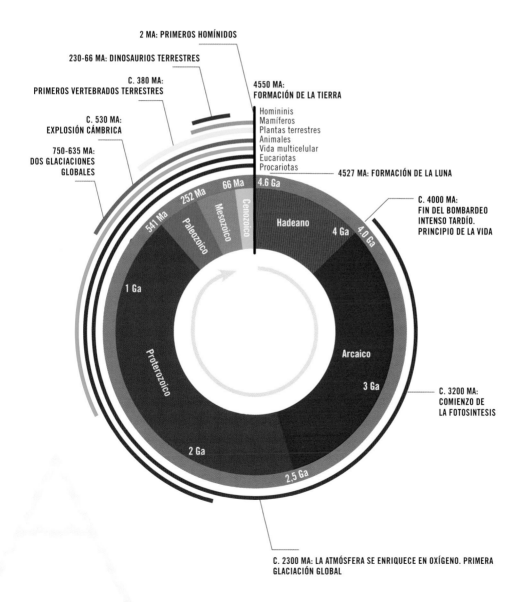

2 MA: PRIMEROS HOMÍNIDOS

230-66 MA: DINOSAURIOS TERRESTRES

C. 380 MA: PRIMEROS VERTEBRADOS TERRESTRES

C. 530 MA: EXPLOSIÓN CÁMBRICA

750-635 MA: DOS GLACIACIONES GLOBALES

4550 MA: FORMACIÓN DE LA TIERRA

Homininis
Mamíferos
Plantas terrestres
Animales
Vida multicelular
Eucariotas
Procariotas

4527 MA: FORMACIÓN DE LA LUNA

C. 4000 MA: FIN DEL BOMBARDEO INTENSO TARDÍO. PRINCIPIO DE LA VIDA

66 Ma   4.6 Ga

252 Ma

541 Ma   Paleozoico   Mesozoico   Cenozoico

Hadeano   4 Ga   4.0 Ga

1 Ga

Proterozoico

Arcaico

3 Ga

C. 3200 MA: COMIENZO DE LA FOTOSÍNTESIS

2 Ga

2,5 Ga

C. 2300 MA: LA ATMÓSFERA SE ENRIQUECE EN OXÍGENO. PRIMERA GLACIACIÓN GLOBAL

EONES

Eón Precámbrico: abarca desde la formación de la Tierra hasta 540 millones de años y ha quedado registrado en rocas que no presentan fósiles.

Eon Farenozoico: abarca los últimos 540 millones de años, y ha quedado documentado por capas de la corteza que presentan fósiles, por eso su nombre (*fanerós*: visible, y *zôon*: ser vivo:) significa "animales visibles".

En la tabla de abajo vemos las subdivisiones de los eones en eras, estas en periodos y estos en épocas:

Edad (años)	Eón	Era	Periodo	Época
4.560.000.000	Precámbrico	Azoica		
4.000.000.000		Arcaica		
2.500.000.000		Proterozoica		
541.000.000	Fanerozoico	Paleozoica	Cámbrico	
485.000.000			Ordovícico	
443.000.000			Silúrico	
420.000.000			Devónico	
359.000.000			Carbonífero	
299.000.000			Pérmico	
251.000.000		Mesozoica	Triásico	
201.000.000			Jurásico	
145.000.000			Cretáceo	
66.000.000		Cenozoica	Paleógeno	Paleoceno
56.500.000				Eoceno
34.000.000				Oligoceno
23.000.000			Neógeno	Mioceno
5.300.000				Plioceno
2.590.000			Cuaternario	Pleistoceno
10.000				Holoceno

PRECÁMBRICO

- Abarca desde la formación del planeta, hace unos 4560 millones de años, hasta hace unos 541 millones de años.

- Nuestro planeta se estabilizó y sobre el final **aparecieron los primeros organismos vivos,** básicos e importantes para la evolución de la vida.

- En el comienzo, hace 4530 millones de años, "el gran impacto" **formó la Luna** luego de que un cuerpo gigante golpeara la Tierra.

  - Se solidificó la corteza terrestre.
  - Se cree que la lluvia de asteroides aportó agua que luego formaría los océanos.
  - Se formó el núcleo interno de la Tierra, lo que generó un campo magnético.
  - La corteza se dividió en bloques que empezaron a moverse, iniciando una tectónica de placas.
  - El enfriamiento progresivo de la corteza dio origen a la formación de las primeras rocas.

- Hace 3500 millones de años, ya existían cianobacterias, **organismos capaces de hacer fotosíntesis**, consumiendo dióxido de carbono, aunque aún sin liberar oxígeno a la atmósfera.

- Hace 2800 millones de años aparecieron los primeros organismos capaces de **liberar oxígeno a la atmósfera.**

- Hace 2500 millones de años se inició la era Proterozoica que significa *"tiempo de vida inicial"*.

  - Las reacciones que generaron estos organismos alteraron la atmósfera provocando **descensos de la temperatura global.**
  - Se produjeron **grandes glaciaciones**, la más intensa llamada *"Tierra bola de nieve"*.

  - Se cree que en estas mega glaciaciones se estuvo **cerca del fin de la vida** en el planeta ya que quedó cubierto por hielo.
  - Luego, todo se estabilizó, **aumentando la proporción de oxígeno** y se formaron los **primeros organismos unicelulares.**

- Hace unos 541 millones de años aparecieron los **organismos pluricelulares** lo que pone fin al Precámbrico.

FANEROZOICO

1. Paleozoico

- Un grupo de islas dispersas alrededor del Ecuador, entre las que se encontraban América del Sur, Laurentia y Gondwana, sufrirían numerosos plegamientos que originaron **montañas**.

- Un gran número de **fósiles** confirman la presencia de vida pluricelular en un planeta cada vez más habitable.

- Las condiciones **cálidas y húmedas** favorecen la proliferación de la vida y la evolución hacia **organismos más complejos**.

- La vida en el mar se hizo muy rica en lo que se conoce como *"la explosión de vida del Cámbrico"*.

¿SABÍAS QUE...?

Si lloviera toda el agua contenida en la atmósfera, la Tierra quedaría cubierta con una capa de agua de menos de tres centímetros de espesor.

- Los fósiles son primero algunos **invertebrados** y luego **plantas y vertebrados**, como peces, anfibios y reptiles. A medida que avanza la era, la vida animal salió del agua y **colonizó tierra firme**.

- Debido a la cercanía de la Luna **el día ya duraba 21 horas**.

- Los niveles del mar eran los más altos que hubo en toda la historia de la Tierra.

- Al final de esta era, las tierras emergidas se reparten en dos grandes continentes: **Laurasia**, en el norte, y **Gondwana**, en el sur.

- Esta era terminó con **la mayor extinción masiva** en la historia de la Tierra que causó la desaparición del 70 % de las especies terrestres y del 90 % de las marinas por causas no determinadas.

2. Mesozoico

- Duró unos 185 millones de años, con inicio hace 251 millones de años y final hace 66 millones de años.

- Es conocida como **la época de los dinosaurios**.

- En su inicio se formó la **Pangea**, un gigantesco y único continente formado por todos los continentes o islas del periodo anterior.

- La Pangea **se fragmentó** y los nuevos continentes se desplazaron lentamente hacia sus posiciones actuales.

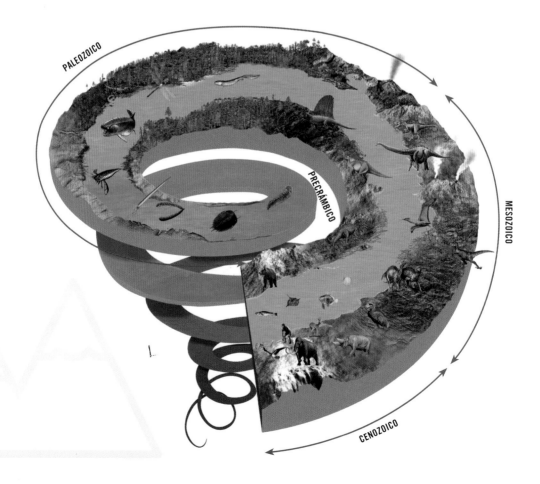

PALEOZOICO

PRECRÁMBICO

MESOZOICO

CENOZOICO

- **Animales y vegetales evolucionaron** en ambientes separados, aumentando la **biodiversidad**.

- Se formaron **cordones montañosos** sobre el oeste de América, las **Montañas Rocallosas** en el norte y **los Andes** en el Sur.

- Se registraron **varias extinciones masivas** debidas a posibles causas como cambios climáticos, asteroides, vulcanismo masivo y radiación proveniente de supernovas.

- Se divide en tres periodos:

  - *Triásico*: aparecieron **los dinosaurios**, aunque inicialmente fueron **de menor tamaño**.
  - *Jurásico*: abarca desde alrededor de 201 a 145 millones de años atrás. Los **grandes dinosaurios** dominaron el planeta y las **coníferas gigantes** completaban el paisaje. Mientras, se producía **la disgregación de Pangea** en los continentes **Norteamérica**, **Eurasia** y **Gondwana**.
  - *Cretáceo*: corresponde al **auge y fin de los dinosaurios**. Su final coincide con la caída de un **enorme meteorito** que pudo provocar su extinción.

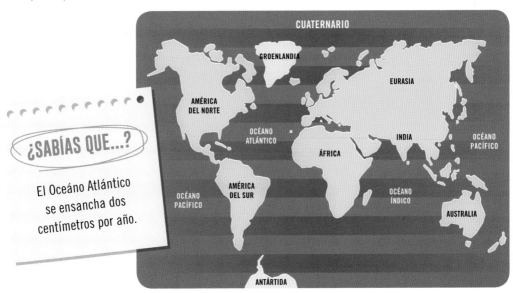

¿SABÍAS QUE...?

El Océano Atlántico se ensancha dos centímetros por año.

3. Cenozoico

- Comenzó hace 66 millones de años.
- Extinguidos los dinosaurios, **llegó el tiempo de los mamíferos**.
- Se la suele dividir en tres periodos:
  - **Paleógeno**: se desarrollan **los primeros mamíferos** a partir de pequeñas especies que durante el tiempo de los dinosaurios no podían evolucionar a tamaños mayores que los de un perro. Los primates superiores surgieron hace unos 30 millones de años.
  - **Neógeno**: empezó hace 23 millones de años y terminó hace 2,59 millones de años.
    - Es el tiempo de los **simios y los homínidos**.
    - Se elevaron la **Cordillera de los Andes**, el **Himalaya**, los **Alpes** y los **Pirineos**.
    - América del Norte y América del Sur se conectan por **un istmo** que separó los océanos Atlántico y Pacífico, cortando las corrientes cálidas ecuatoriales y **enfriándolos a ambos**.
    - Sudamérica se separó definitivamente de la Antártida y se movió al norte que originó la **Corriente Circumpolar Antártica** que bloqueó la llegada de aguas cálidas y favoreció la formación de glaciares en la Antártida, que hasta entonces tenía bosques.
    - La formación de hielo hizo **descender el nivel de todos los océanos**. Así, emergió el **estrecho de Bering**, entre Alaska y Siberia facilitando las **migraciones**.
    - Los primates seguían evolucionando. Surgieron diversas especies de homínidos, desde los *Australopitecinos* al *Homo Habilis* y al *Homo Erectus*, considerados antepasados directos del *Homo Sapiens*.
    - El clima se enfrió, dando como resultado la seguidilla de **glaciaciones** del Cuaternario.
  - **Cuaternario**: empezó hace 2,59 millones de años y llega hasta nuestros días. Se divide en dos épocas:
    - **Pleistoceno**, *"lo más nuevo"*, un largo periodo que incluye varias glaciaciones. Comienza hace 2588 millones de años y finalizó hace unos 12 000 años.

¿SABÍAS QUE...?

En 1650, el arzobispo **James Ussher**, del Trinity College de Dublín, concluyó que la Tierra (y el universo) se inició a las 6 pm del sábado 22 de octubre del año 4004 a.C.

FÓSIL DE MILLONES DE AÑOS

- El **hielo** cubrió un cuarto del planeta.
- El nivel de los mares **descendió** unos 100 metros.
- La vida tuvo que adaptarse a las nuevas condiciones.
- Se produjeron **seis grandes glaciaciones** que alternaron con **periodos interglaciares** en los que el clima se hizo más cálido.
- En la actualidad atravesamos el último periodo interglaciar.
- Desde la evolución humana, corresponde al **Paleolítico**: primero fue el *Homo Habilis*, recolector y capaz de manejar herramientas de piedra. Luego, hace 2 millones de años, el *Homo Erectus*, con un cerebro mayor, perfecciona el uso de herramientas y armas, caza en grupo, se comunica y hasta se sospecha que aprende a dominar el fuego. Tan solo hace 315 000 años aparecen rastros de la única especie de *Homo* que todavía no se ha extinguido: el *Homo Sapiens*.

- **Holoceno** o *"completamente nuevo"*, es la época actual o **interglacial**. Comenzó hace unos 12 000 años cuando el nivel del mar **se elevó** 30 metros al finalizar la última glaciación.

- La temperatura presenta variaciones en forma de ciclos con fluctuaciones de 1 °C.
- Las extinciones han continuado y en gran parte se deben a la acción del hombre, en lo que muchos llaman **la sexta extinción**.
- Los humanos se organizan en pequeñas sociedades, se acelera la **evolución del lenguaje** y se mejoran las técnicas de caza y herramientas.
- Hace unos 10 000 años, los habitantes de medio oriente dominaron la **agricultura** y la **ganadería** abandonando la vida nómade.
- Comenzaron los **asentamientos** que se convirtieron en pueblos y ciudades.
- Se dominó la cerámica y luego los metales.
- Se lo considera terminado con la aparición de **la escritura** hace 5000 años en la antigua Mesopotamia por obra de los sumerios.

EVOLUCIÓN DEL SER HUMANO   ESCRITURA CUNEIFORME SUMERIA

LA TIERRA POR DENTRO

La gran mayoría de los científicos cree que los planetas del sistema solar se formaron al mismo tiempo dentro de la nebulosa solar. Una nube en rotación compuesta por hidrógeno y helio que comenzó a condensarse hace 5000 millones de años. Cuando se formó la Tierra, los metales se hundieron por gravedad hacia el centro. Las rocas fundidas ascendieron para formar la corteza primitiva. Así, la estructura del planeta quedó organizada en capas.

CAPAS TERRESTRES

Por su composición, la Tierra puede dividirse en las siguientes capas:

Corteza terrestre

- Es una capa muy fina de roca que recubre al planeta.
- Si la Tierra tuviese el tamaño de una manzana, la corteza tendría el espesor de su cáscara. El mismo varía entre 3 y 80 km.
- Su temperatura también es muy variable. Sobre la superficie soporta los calentamientos del Sol, desde los desiertos más calurosos hasta las zonas polares más frías. Su límite inferior en cambio, cerca del manto, soporta hasta 400 °C.
- Está afectada por la tectónica de placas que la crea en algunas zonas y la destruye en otras.
- Se divide en dos tipos, la **corteza océanica** y la **continental**. La zona de transición entre estos dos tipos de corteza se conoce como **discontinuidad de Conrad**.
  - *Corteza oceánica*: se extiende entre 5 y 10 km debajo del fondo marino y está formada por diferentes tipos de rocas que los geólogos llaman "sima" por ser el silicato y el magnesio los minerales que más abundan.
    - Se crea constantemente sobre las dorsales oceánicas.
    - La separación de las placas tectónicas permite que el magma ascienda solidificándose. Es decir que cuanto más lejos esté la corteza de la dorsal, más antigua y más densa será.
    - El mar Jónico, con 270 millones de años, es la corteza oceánica más antigua.
  - *Corteza continental*: se compone principalmente de diferentes tipos de granitos. Los minerales más abundantes son el silicato y el aluminio, por esto los geólogos la llaman "sial".
    - Puede llegar a alcanzar hasta 70 kilómetros de espesor.
    - También se crea por la tectónica de placas donde estas al converger elevan el terreno formando montañas como los Himalayas.
    - Las partes más gruesas se encuentran en las cadenas montañosas más altas del mundo.

Manto terrestre

Es la capa de roca sólida y caliente más gruesa de la Tierra.

- Está ubicado entre la corteza terrestre y el núcleo de hierro fundido, con 2900 kilómetros de espesor.
- Constituye la mayor parte del planeta, representando dos tercios de su masa y el 84 % de su volumen.
- Su temperatura varía desde 1000 °C cerca del límite con la corteza, hasta 3700 °C cerca de su límite con el núcleo.
- Se divide en:
  - *manto superior:* se extiende desde la corteza hasta los 410 kilómetros de profundidad. Si bien está formado mayoritariamente por rocas sólidas como la litósfera, posee zonas moldeables que permiten la actividad tectónica como la astenósfera.
  - *manto inferior:* separado del superior por una zona de transición de más de 200 km, se extiende desde los 660 hasta aproximadamente los 2700 kilómetros.
  - Más caliente y denso que su vecino de arriba, está sometido a una mayor presión.
  - Las corrientes de convección transportan el magma caliente hacia la litósfera en los límites entre las placas y en los puntos calientes, dando origen a la formación de volcanes.

Núcleo

Es una gran esfera de metal, del tamaño de Marte, formada principalmente por hierro y níquel.
- Posee un radio de 3500 km
- Es líquido en su parte externa y sólido en su parte interna.
- En su zona externa, el metal líquido es muy maleable y circula asociado a la convección potenciada por las altas temperaturas del núcleo interno. Este movimiento, al rozar contra el manto de la tierra, genera el campo magnético terrestre.
- El núcleo interno de 1220 kilómetros de radio alcanza los 5200 °C, pero su presión de casi 3,6 millones de atmósfera impide que el hierro se derrita convirtiéndolo en una bola sólida. Rota ligeramente más rápido que la Tierra. Cada 1000 años terrestres, el núcleo da 1001 rotaciones sobre sí mismo.
- El calor en el núcleo es el resultado de la descomposición de elementos radiactivos, del remanente de calor de la formación del planeta y de la solidificación del núcleo externo sobre el núcleo interno. Esto hace que el núcleo interno esté tan caliente como la superficie del Sol.

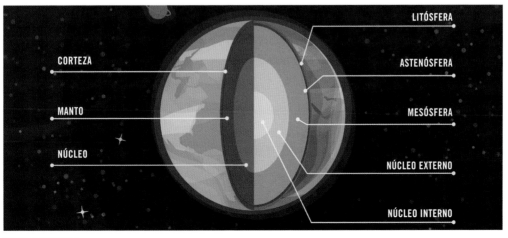

CORTEZA

MANTO

NÚCLEO

LITÓSFERA

ASTENÓSFERA

MESÓSFERA

NÚCLEO EXTERNO

NÚCLEO INTERNO

CAPAS TERRESTRES

UN IMÁN MUY PODEROSO

¿Escuchaste hablar del campo magnético terrestre? Para referirnos a este tema, primero vamos a diferenciar los polos geográficos de los polos magnéticos. Los polos geográficos están determinados por el eje de rotación de nuestro planeta (Polo Norte, en el Ártico, y Polo Sur, en la Antártida), mientras que los polos magnéticos se disponen según la circulación del magma en el interior de la Tierra. Los antiguos navegantes observaron que los polos geográficos y los polos magnéticos no coinciden exactamente. Hay solo algunos lugares del planeta en los que una brújula apunta justamente al polo geográfico. Los polos magnéticos se mueven ligeramente con el paso de los años. ¿Pensabas que esto es simple? Pues no lo es. *Trataremos de simplificar los conceptos para que nadie "pierda el norte" y podamos "llegar a buen puerto".*

¿QUÉ ES EL CAMPO MAGNÉTICO TERRESTRE?

El corazón de la Tierra es de metal sólido y caliente. Es algo así como una esfera de níquel y hierro que rota levemente más rápido que la superficie. La parte externa de la esfera también está recubierta por metal, pero en estado líquido. Esto último hace que la esfera se mueva según diferencias de densidad que se producen en el metal líquido. Estos movimientos hacen rotar al metal fundido.

El desplazamiento del hierro líquido en el interior de estas columnas genera corrientes eléctricas que producen campos magnéticos. Los metales cargados que pasan a través de estos campos continúan creando corrientes eléctricas propias, perpetuando el ciclo. Este ciclo autosuficiente se llama **geodinamo**.

¿POR QUÉ EL CAMPO MAGNÉTICO TERRESTRE ES IMPORTANTE?

La principal acción del campo magnético terrestre es actuar como escudo protector de las partículas del viento solar. Sin esta protección, la atmósfera terrestre sería barrida y con ello las temperaturas serían muy frías durante la noche y muy calientes durante el día. Tampoco contaríamos con capa de ozono, lo que acabaría con gran parte de la vida terrestre.

Por otra parte, gracias al campo magnético, hemos podido orientarnos desde el siglo XXI como también lo han hecho muchas especies animales, como aves, tortugas y ballenas, que son capaces de percibir las variaciones del campo para guiarse durante sus largas migraciones.

Además, es utilizado por los geólogos para estudiar las estructuras subterráneas, buscar yacimientos de gas, petróleo o minerales y hasta por los buscadores de meteoritos.

CUANDO EL NORTE FUE EL SUR

Los polos geográficos se mantienen inalterables porque están definidos por el eje de rotación de la Tierra. Los magnéticos, en cambio, señalados por las brújulas, presentan cambios de posición año tras año. El polo norte magnético, por ejemplo, se desplaza unos 40 kilómetros por año.

Existen registros históricos que muestran inversiones de los polos. Cada inversión se produce cada 200 000 a 300 000 años. Sin embargo, la última sucedió hace 780 000 años. Esto demuestra que estamos muy retrasados y que la inversión no tardará en llegar. En los registros se observa que antes de invertirse, el campo magnético se debilita. Aparentemente nunca se debilita tanto como para desaparecer, esto es una gran noticia para la vida del planeta. Al parecer, los cambios no serían catastróficos, aunque muchos animales quedarían completamente desorientados hasta adaptarse. La inversión suele tomarse "algunos" miles de años en llevarse a cabo.

El campo magnético también es seriamente afectado por el Sol. Por ese motivo aparecen cambios cíclicos del campo magnético terrestre cada 27 días, periodo en que el Sol rota sobre sí mismo. El resultado de la interacción entre el campo magnético terrestre y el viento solar es la magnetosfera que rodea el planeta. Ésta se comprime del lado cercano al Sol y se expande del lado contrario formando lo que se conoce como "cola magnética".

La magnetosfera nos protege del Sol y además nos regala un espectáculo de luz y color durante las noches en latitudes altas: las auroras polares.

¿SABÍAS QUE...?

Los registros geológicos muestran que el campo magnético se ha invertido cientos de veces en los últimos quinientos millones de años.
La posición del norte magnético actual está a más de mil kilómetros de donde se encontraba a principios del siglo XIX.

EL CAMPO MAGNÉTICO Y EL SOL

EL VIAJE DE LOS CONTINENTES

Desde que tenemos memoria creemos que el planisferio de los mapas es algo estático, algo que no varía de año en año. Sin embargo, no es así. Desde el interior de la Tierra enormes cantidades de roca fundida traccionan las placas tectónicas y hacen del rompecabezas terrestre un fenómeno dinámico y cambiante. ¿Qué hace que la Tierra sea un planeta en evolución? ¿Qué sucede cuando las piezas del rompecabezas no encastran? ¿Por qué la roca fundida llega a la superficie? ¡Vamos a averiguarlo!

TECTÓNICA DE PLACAS

Las placas tectónicas están formadas por la corteza terrestre y el manto superficial que se encuentra justo debajo de ella. La suma de ambas capas se llama **Litosfera**. Las placas litosféricas se deslizan sobre otra capa suave y moldeable llamada **Astenosfera**. Debajo de esta capa, que resulta un aislante para el calor interno de la Tierra, existen corrientes de convección por las que recircula magma. La enorme diferencia de temperatura que existe entre el núcleo y la corteza genera un movimiento de ascensos, descensos y movimientos horizontales parecidos a los que se producen en la atmósfera.

El material más liviano y caliente que asciende llega a la superficie como roca super caliente. En los lugares de encuentros de placas, las partes más densas y frías de la Litosfera se hunden dentro del manto en un flujo descendente que las funde. Esta celda de convección se cierra con los movimientos horizontales, que en la superficie terrestre se traduce en lo que se conoce como desplazamiento de placas que alteran el paisaje del planeta. Así viajan las placas. Pero, *¿qué pasa en el borde de las placas que chocan o se separan?*

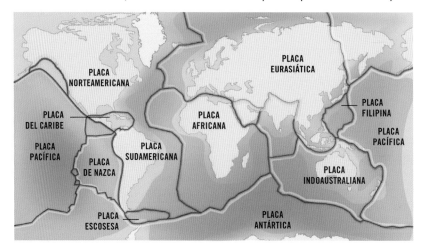

PLACA NORTEAMERICANA
PLACA EURASIÁTICA
PLACA FILIPINA
PLACA DEL CARIBE
PLACA AFRICANA
PLACA PACÍFICA
PLACA PACÍFICA
PLACA SUDAMERICANA
PLACA DE NAZCA
PLACA INDOAUSTRALIANA
PLACA ESCOSESA
PLACA ANTÁRTICA

Cuando dos placas colisionan o se separan se originan tres tipos de bordes:

1. Convergentes o destructivos

- La placa más pesada se introduce por debajo de la otra; esto se llama *subducción*.
- Si colisionan dos placas continentales, se pueden formar cordilleras montañosas muy altas, como las del Himalaya.
- El mejor ejemplo de subducción entre una placa oceánica y una continental es el de la Cordillera de los Andes. Por efecto de la presión, la roca se funde y se manifiesta como volcán en actividad a lo largo de todo el cordón montañoso.

2. Divergentes o constructivos

- Como la dirección de cada placa es opuesta a la otra, se separan y esto favorece el ascenso de magma.
- Islandia está formada por la separación entre la placa norteamericana y la de Eurasia. Esto explica su alto grado de vulcanismo.

3. Pasivos o de falla transformante

- Las placas se desplazan lateralmente una respecto de la otra.
- La más famosa es la falla de San Andrés, entre la placa del Pacífico y la placa de Norteamérica. Son fallas altamente sísmicas.

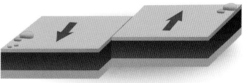

⚡ PLANETA EXTREMO

En 2017, durante mi viaje a Islandia para filmar auroras boreales, tuve la oportunidad de recorrer la isla y reconocer que se encuentra sobre un punto caliente que aporta magma.

En el mundo existen muchos *hotspots* o puntos calientes que pueden encontrarse en el centro de una placa o sobre sus bordes.

Los puntos calientes son conductos que comunican las profundidades de la Tierra con la superficie y en los cuales ocurre un movimiento de ascenso del magma. El mejor ejemplo es el archipiélago de Hawaii. El origen de estas islas se debe al ascenso de material calentado desde el núcleo hasta la superficie lo que da lugar a la formación de volcanes submarinos que emergen sobre la superficie del mar formando islas volcánicas.

CUANDO PASE EL TEMBLOR

Sin previo aviso, la Tierra se sacude de manera violenta, generalmente durante unos pocos segundos, aunque a veces puede tomarse varios minutos. ¿Por qué? Porque se está reacomodando, está liberando tensiones. El suelo se licua, la tierra se abre, las ciudades se desmoronan, los volcanes entran en erupción y hasta el mar suele arrojar una ola gigante para configurar el peor de los escenarios imaginables. En el planeta hay zonas mucho más amenazadas que otras, desde ciudades antisísmicas, como Santiago de Chile, a otras muy vulnerables, como Puerto Príncipe en Haití. Vamos a adentrarnos ahora en uno de los fenómenos más famosos: los terremotos.

¿QUÉ ES UN TERREMOTO?

Es un fenómeno en el que la corteza terrestre tiembla por la liberación de energía acumulada, durante un corto periodo y de manera muy violenta. La tensión que se libera viaja por el interior del planeta en forma de ondas sísmicas recorriendo miles de kilómetros en pocos segundos. El efecto es similar a lo que sucede en un estanque luego de arrojar una piedra al agua. La mayoría de los terremotos ocurren en o cerca de los límites de las placas tectónicas de la Tierra, porque es allí donde generalmente hay gran concentración de fallas. El punto de origen de un terremoto se denomina foco o **hipocentro** y se encuentra en el interior del planeta. El **epicentro** es el punto de la superficie terrestre que se encuentra directamente sobre el hipocentro.

¿SABÍAS QUE...?

Anualmente se dan cerca de 300 000 sismos perceptibles a lo largo del mundo pero menos de cien suelen provocar daños realmente significativos.

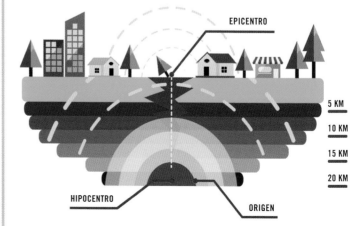

EPICENTRO

5 KM

10 KM

15 KM

20 KM

HIPOCENTRO

ORIGEN

INTENSIDAD NO ES LO MISMO QUE MAGNITUD

Magnitud e intensidad son dos términos frecuentemente confundidos. Si bien están ligados, significan cosas distintas:

· La **magnitud** mide la energía liberada durante la ruptura de una falla.
· La **intensidad** es una descripción cualitativa de los efectos del terremoto, es decir, cómo se sintió en un lugar en particular.

Por ejemplo, en una explosión es importante conocer cuanta cantidad de explosivo se detona (magnitud). La intensidad de la explosión dependerá de la distancia a la que estoy con respecto al punto de la detonación. Cerca la sentiré fuerte mientras que lejos podrá volverse imperceptible.

¿CÓMO SE TRASLADA UN TERREMOTO O SISMO?

Una vez liberada la energía, las **ondas sísmicas** son las encargadas de hacer de este fenómeno un drama generalizado. Existen distintos tipos de ondas:

• Las **ondas profundas** viajan en el interior de la Tierra y pueden ser:
  - **P o Primarias**: son las más rápidas, viajan entre 8 y 13 kilómetros por segundo, comprimiendo y estirando el interior de la Tierra en el mismo sentido en que la energía se propaga. Son las que primero se observan en los sismógrafos.
  - **S o Secundarias**: llegan después que las ondas P viajando de 4 a 8 kilómetros por segundo. Generan desplazamientos transversales. La roca sube y baja, o se mueve de lado a lado.
• Las **ondas superficiales** viajan por la superficie de la Tierra. Son las más lentas, viajan a 3,5 kilómetros por segundo y causan los daños mayores. Pueden ser:

  - **R o Rayleigh**: se desplazan como ondas en el agua moviendo el suelo hacia arriba y hacia abajo. Causan la mayoría de las vibraciones de la superficie durante un terremoto.
  - **L o Love**: se mueven de un lado a otro, de forma similar a la de una serpiente.

¿SE PUEDE ANTICIPAR UN TERREMOTO?

Si bien hay técnicas indirectas, no son tan precisas como para alertarnos con días u horas de anticipación. El método más antiguo para anticipar que una zona está bajo riesgo es el tiempo que ha pasado desde el último gran terremoto. Si no hubo sismos menores o liberación de energía reciente se supone que la energía se está "acumulando" y que será liberada súbitamente en un futuro cercano en forma de un violento terremoto. Por ejemplo, la falla de San Andrés en Estados Unidos o la ciudad de Tokyo en Japón. Ambas zonas han superado el periodo típico entre terremotos fuertes y se teme un gran movimiento en los próximos años. Los sismólogos cuentan con un aliado, una red de sismógrafos a lo largo del planeta que permite detectar cuándo, dónde y cuán fuerte se ha provocado un terremoto. El sismógrafo registra y grafica las vibraciones que se dan sobre la superficie terrestre de la misma manera que un electrocardiograma lo hace con nuestro corazón. Desde la llegada de las ondas P hasta que el suelo empieza a sacudirse con las ondas superficiales pueden pasar algunos minutos. Es el tiempo en que se le puede avisar a la ciudadanía. Si el epicentro está muy próximo o sobre una ciudad, no se podrá anticipar el comienzo del terremoto porque ambas ondas llegarán prácticamente juntas.

CUANDO LA TIERRA HIERVE

En la Antigüedad, las fuentes naturales de las que emanaba agua caliente se asociaban con el infierno. Con el paso de los siglos, esta creencia se descartó y en la actualidad millones de personas recurren a centros termales con fines recreativos y hasta medicinales. Es momento de hablar acerca de las consecuencias favorables de las fallas y los bordes de placas: la energía geotérmica y las aguas termales. Un géiser, del islandés *geysir* que significa emanación o erupción, es un tipo particular de fuente termal que expulsa, con cierta frecuencia, una columna de agua caliente que asciende desde el interior de la Tierra hasta varios metros de altura. Se calcula que hay unos mil géiseres en el planeta, cerca de la mitad en el Parque Nacional Yellowstone (Wyoming, Estados Unidos) y los restantes en zonas volcánicamente activas de Chile, Japón e Islandia.

¿DE QUÉ SE TRATA?

Este fenómeno ocurre en las zonas con desplazamiento de placas en las que las rocas aumentan su temperatura por contacto con el magma y el aumento de presión. Cuando el agua del interior de la Tierra entra en contacto con estas rocas, se calienta. El agua fría cercana a la superficie se posa sobre el agua caliente de las profundidades y la presiona actuando como una tapa de una olla a presión. De esta forma, a 300 metros de profundidad el punto de hervor del agua asciende a 230 °C. El calentamiento continúa y la temperatura del agua alcanza el punto de ebullición. En ese momento, se activa el mecanismo de expulsión: parte del vapor desplaza el agua superior hacia la superficie y la presión sobre el agua caliente inferior disminuye haciendo que el agua hierva más fácilmente. Esto genera más vapor, lo que potencia la emanación de agua hacia la superficie. Una vez ocurrida la emanación, el proceso vuelve a comenzar. Como regla se observa que cuanto más fuerte sea una emanación, más tiempo pasará hasta la siguiente.

TIPOS DE GÉISERES

En función de su ubicación, hay dos tipos de géiseres:

1. Los **géiseres de fuente**: se hallan en estanques de agua; erupcionan de forma violenta y en ráfagas de varias emanaciones consecutivas.

2. Los **géiseres de cono**: formados por montículos de silicio, llamados **geiseritas**, que erupcionan en chorros únicos, de corta duración y con cierta frecuencia.

AGUAS TERMALES

Desde la Antigüedad hasta hoy, millones de personas visitan las "termas" para relajarse y disfrutar. Provenientes de las profundidades, estas aguas suelen estar químicamente dotadas de minerales a los que muchos les asignan poderes curativos frente al descrédito de otros. Para ser considerada "termal" el agua que llega a la superficie debe superar en 5 °C la temperatura del suelo de donde emana.

ENERGÍA GEOTÉRMICA

Para poder extraer calor o, lo que es lo mismo, energía de la Tierra, deben darse en el suelo tres componentes simultáneos:
- **calor**, aportado por el magma de las profundidades;
- **agua** que ingrese al suelo para ser calentada;
- **rocas** permeables para que el agua pueda circular a través de ellas.

Estas condiciones se cumplen a lo largo de los bordes de placas tectónicas y en los puntos calientes, determinando distintas zonas en el planeta.

TOP 3

1. La columna de agua del géiser Old Faithful en Yellowstone suele llegar a los 50 metros de altura.
2. En Nueva Zelanda, los maoríes cocinaban sus alimentos mediante las aguas termales que emanaban de los géiseres.
3. En zonas frías, como Islandia o Japón, muchos hogares pueden calentar sus ambientes gracias a la temperatura de las aguas subterráneas.

⚡ PLANETA EXTREMO

En el Parque Yellowstone se encuentra la fuente termal más grande de los Estados Unidos y la tercera más grande del mundo. Se la llama *La Gran Fuente Prismática* por sus llamativos colores. El fenómeno espectacular se debe a la presencia de bacterias hipertermófilas pigmentadas y cianobacterias. Se trata de microorganismos capaces de soportar condiciones muy adversas como agua a temperatura superior a los 95 °C. Estas bacterias extremas se desarrollan en las orillas de este manantial rico en minerales, con colores que van desde verde hasta rojo, dependiendo de la cantidad de clorofila o carotenoides que contienen. La clorofila colorea a las plantas de verde y los carotenoides aportan el color anaranjado a las zanahorias, por ejemplo.

FENÓMENOS DEL
AGUA

AGUAS DANZANTES

El océano no es sólido. Su estado líquido le permite moverse a lo ancho y a lo largo del planeta interactuando con la atmósfera y con el fondo marino. El viento, los volcanes, los terremotos, el Sol y la Luna pueden alterar un equilibrio del cual dependen millones de personas. No solo los navegantes suelen estar pendientes del mar, ya que gran parte de la población mundial está asentada sobre zonas costeras altamente vulnerables. Es el momento de conocer a las aguas danzantes del tiempo: las olas y las mareas.

ONDAS DE ENERGÍA

Las olas se forman como ondas cuando parte de la energía del aire se transfiere al mar. Esta transferencia es un proceso que puede viajar miles de kilómetros sin perder fuerza, siempre y cuando la profundidad sea la suficiente. El agua no viaja, viaja la energía que la ola obtuvo del aire. En la superficie del mar, el agua y los objetos sobre ella suben y bajan o se mueven con leve movimiento rotatorio a medida que las olas pasan por debajo de ellos.

OLAS ROMPIENTES

Al acercarse a la costa, la profundidad del mar disminuye. Entonces, la ola comienza a *"sentir el fondo"* sufriendo deformaciones. La base de las olas se arrastra y se va deteniendo. Las olas disminuyen su velocidad y se *"apilan"*. La distancia entre ellas disminuye como cuando en una autopista alguien frena bruscamente y todos lo hacen detrás. Se vuelven más empinadas e inestables, ya que la parte superior se mueve más rápido que la base. Cuando llegan a la costa, las olas se derrumban y se rompen. A diferencia de las olas, en las rompientes sí se produce desplazamiento de agua.

⚡ PLANETA EXTREMO

Las mareas más altas del mundo se encuentran en Canadá, en la Bahía de Fundy, que separa Nueva Brunswick de Nueva Escocia. En algunas épocas del año, ¡la diferencia entre la marea alta y baja en esta bahía es de 16,3 metros!

RECETA PARA UNA OLA GRANDE

1. Genera viento intenso sobre una zona muy amplia del mar.
2. Déjalo actuar durante un tiempo prolongado.
3. Cuanto mayor sea la intensidad del viento, más extensa la zona afectada y mayor la cantidad de tiempo, más grandes serán las olas.

EL NIVEL DEL AGUA

La marea, o "marea astronómica" como la llamamos los meteorólogos, es el cambio periódico del nivel del mar provocado por la atracción gravitatoria de la Luna y el Sol actuando sobre la Tierra en rotación. Es fácil de predecir y aparece detallada en las Tablas de Marea. Por su parte, la atmósfera aporta o quita agua. Un ejemplo de marea es la Sudestada, en la que el viento empuja y apila agua sobre la costa haciendo que la marea resultante sea aún mayor que la debida a la atracción del Sol y la Luna.

¿Por qué el agua sube y baja durante el día?

El periodo en el cual el nivel del mar sube y baja en las zonas costeras está ligado a la rotación terrestre.

Si la observamos desde el Polo Sur, la Tierra gira como las agujas del reloj. La atracción de la Luna hace que el agua del planeta se disponga de manera ovalada con un máximo de su nivel en la zona más cercana a la Luna y otra en la cara opuesta. Cada día, la Tierra rotará sobre sí misma, pero el "óvalo" mantendrá su posición apuntando a la Luna. En consecuencia, tendremos dos mareas altas y dos mareas bajas para cualquier lugar del planeta durante una rotación completa. Sin embargo, en esta explicación solo nos fijamos en la atracción de la Luna, a la que supusimos inmóvil durante el día, pero, en realidad, la Luna se traslada alrededor de la Tierra, y la Tierra, a su vez, lo hace alrededor del Sol. El Sol también aporta su cuota de atracción sobre el agua sumando su efecto lo que hace que el fenómeno de las mareas sea más difícil de intuir. Por este motivo, se recurre a las tablas de mareas antes de embarcarse o ir a pescar.

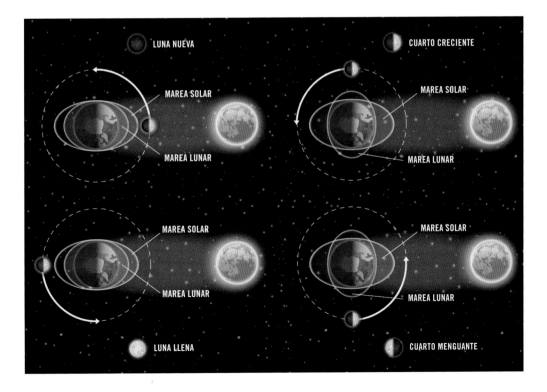

EL TERMOSTATO DEL PLANETA

Hasta hace algunas decenas de años, poco se sabía del intrincado recorrido del agua a lo largo del planeta. Los océanos, esa gigante masa de agua salada puesta a rotar, generan corrientes superficiales y submarinas en constante evolución. Nadie hubiese imaginado siglos atrás que una gota de agua salada podría ser parte de un recorrido submarino de más de 1500 años de duración. Moldeada por la presencia de continentes y por la atmósfera, el agua de los océanos surca nuestro mundo para nivelar los desequilibrios generados por el Sol. Por este motivo, se dice que la circulación del agua de los océanos es el termostato del planeta.

RÍOS OCEÁNICOS

Como ocurre en la atmósfera, en el agua los desplazamientos **transportan calor** desde el Ecuador hacia los Polos. Los movimientos de los océanos, provocados por la rotación de la Tierra y por diferencias en la densidad del agua, se ven alterados por la presencia de los continentes y afectados por los fenómenos atmosféricos, como el viento y la evaporación.

Sobre el Ecuador, la Tierra gira a gran velocidad. El agua superficial no logra copiar la rotación terrestre, girando más lenta que ésta y generando **corrientes** que se desplazan de Este a Oeste llamadas **corrientes ecuatoriales del Norte y del Sur**.

También asociadas con la rotación terrestre, aparecen las **corrientes del oeste** en latitudes medias y altas. Juntas conforman lo que se conoce como **giros subtropicales**.

NO TODO PASA EN LA SUPERFICIE

A más de cien metros de profundidad, se esconden **los secretos de la circulación oceánica** que asegura el equilibrio vital. El agua de los niveles profundos también presenta movimientos superficiales y profundos que están conectados por zonas donde el agua del mar se hunde o emerge. A estas zonas se las conoce como **fuentes** o **sumideros de agua profunda**.

¿SABÍAS QUE...?

Las corrientes, igual que el viento, están afectadas por la fuerza de coriolis. Al desplazarse en grandes distancias, el agua se desvía hacia la izquierda o hacia la derecha según suceda en el hemisferio sur o en el hemisferio norte.

¿CÓMO FUNCIONA LA CIRCULACIÓN GLOBAL DE AGUA?

El giro de la Tierra hacia el Este influye en las corrientes marinas, porque tiende a acumular agua contra las costas del Oeste de los océanos, *como cuando un ómnibus acelera de golpe y todos sus pasajeros salen despedidos hacia el fondo*. De la misma manera que se genera espacio en la parte delantera del ómnibus, al Este de los océanos, el faltante generado por las corrientes que se llevan agua hacia el Oeste se rellena con agua fría de los niveles inferiores. A este proceso se lo conoce como **surgencia**.

¿QUÉ MECANISMOS HACEN QUE EL AGUA SE HUNDA?

La densidad del agua de mar varía según su temperatura y salinidad. En otras palabras, *cuanto más fría y salada es el agua, más pesada se vuelve y más fácil se hunde*. Una vez sumergida, el agua profunda se encuentra seriamente condicionada por la topografía del fondo. Este complejo entramado es conocido como **Circulación Termohalina**. *Termo*, por las diferencias de temperatura del agua, y *halina* por las diferencias de salinidad. Para que se entienda más claro, *es una especie de cinta transportadora sin fin que viaja por el planeta llevando calor, minimizando los desequilibrios de temperatura y modificando el clima del mundo*. **Es, sin duda, el termostato del planeta.**

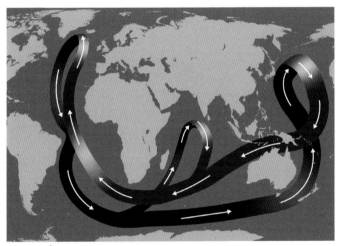

CIRCULACIÓN TERMOHALINA

DOS RECETAS PARA HUNDIR AGUA

1. Someta una región del océano a una fuerte evaporación. Este proceso retira agua pura dejando al agua oceánica resultante con más concentración de sal lo que la vuelve más pesada.
2. Baje la temperatura del agua hasta formar hielo. Solo se congelará el agua pura y nuevamente aumentará la salinidad del agua restante provocando el hundimiento.

¿CÓMO IMPACTAN LAS CORRIENTES EN EL CLIMA?

Observando el esquema de la circulación termohalina, observamos que la costa oeste de los continentes está bañada por corrientes superficiales frías, y la costa este por corrientes superficiales cálidas. *¿Cómo repercute este transporte oceánico sobre el clima?* **El agua fría** genera masas de aire frías, secas y muy estables, con poca precipitación, propiciando **climas desérticos al oeste de los continentes**. Lo opuesto sucede sobre el este de los continentes donde el aire caliente y húmedo sobre las **corrientes cálidas** fomenta los **climas húmedos y cálidos**. Así, estar bendecido por una corriente cálida durante el crudo invierno puede modificar notablemente las condiciones climáticas de un lugar.

CUANDO EL MAR TIEMBLA

Cada vez que miramos el mar debería llamarnos la atención que una extensión inmensa de agua tenga movimientos tan armónicos y previsibles como las mareas, o de tan poco impacto como las olas, que solo afectan las primeras decenas de metros tierra adentro de la costa. Solamente cuando un huracán ocasiona una marea ciclónica, nos damos cuenta del poder latente del mar. Quienes han vivido la furia de un tsunami, conocen realmente la potencia destructiva del mar. Con o sin aviso previo, la ola gigante llega arrasando con todo y dejando una mezcla de barro, escombros y víctimas que generalmente se cuentan por miles. De Indonesia hasta Argentina, de Chile a Japón, la ola viaja alrededor del mundo sin detenerse convirtiendo a este fenómeno en un problema difícil de ignorar.

¿CÓMO SE ORIGINA UN TSUNAMI?

Cuando una piedra cae en un estanque genera ondas sobre el agua que se expanden alejándose del centro del impacto. En el mar sucede lo mismo. Puede cambiar el evento que lo ocasione, pero una vez provocado, **la energía del tsunami se desplaza a la perfección**. Inicialmente, lo hace como una onda muy alargada, chata y muy veloz, capaz de recorrer miles de kilómetros. Suele ser imperceptible mar adentro, pero terriblemente destructiva cuando llega a la costa. Una de las causas principales de los tsunamis son los terremotos, aunque también lo son las erupciones volcánicas, los derrumbes de tierra, roca o hielos que caen al mar, y los meteoritos que impactan sobre el agua. Lamentablemente, entre las causas también hay que incluir la estupidez humana, ya que las bombas nucleares durante las pruebas submarinas pueden provocarlos.

¿CÓMO SE FORMA?

No todos los terremotos que ocurren en el fondo del mar tienen la capacidad de ocasionar un tsunami, ya que hay movimientos sísmicos que modifican la altura del terreno y otros que solamente provocan desplazamientos horizontales. **Los que modifican la altura del fondo marino son los más temidos**. Imagina que puedes golpear desde abajo y con fuerza un balde lleno de agua: se generará sobre la superficie un cambio en la altura del agua que comenzará a viajar impactando contra los bordes del recipiente. Lo mismo ocurre con los maremotos, solo que la pendiente de las costas no es tan empinada como las paredes del balde. Cuando el agua avanza sobre la costa lo hace con poca resistencia.

Tsunamis por derrumbes

Las zonas costeras suelen presentar **derrumbes debido a la erosión del mar**. En algunos casos caen **grandes volúmenes de rocas y tierra** al mar. En otros, la **fractura de glaciares** o de **grandes témpanos de hielo** ingresan al mar de manera violenta. El nuevo volumen que llega al agua **genera una onda que transporta la energía** hasta llegar a zonas costeras muy distantes. El problema mayor de este tipo de tsunamis es que **llega sin temblor previo**. La gente que se encuentra en la costa es sorprendida por el aumento repentino del mar. Esto lo convierte en **un fenómeno sumamente peligroso** aun cuando la ola generada no sea tan grande como en el caso de los terremotos submarinos.

Tsunamis de origen volcánico

Las erupciones volcánicas y explosiones submarinas pueden ocasionar tsunamis que suelen disiparse rápidamente, sin provocar daños en sus márgenes continentales. De todas maneras, hubo casos altamente mortales como los que sucedieron en Indonesia con el **Krakatoa** en el año 1883 donde el resultado del tsunami que siguió a la erupción causó 40 000 muertes. Años después, en el mismo lugar, se formó otro volcán "hijo". Lo llamaron **Anak Krakatoa**. En 2018 otra erupción, aunque de menor tamaño, originó un nuevo tsunami que dejó más de 450 muertos.

Tsunamis producidos por meteoritos

Respecto de los meteoritos, no hay antecedentes recientes, pero no es descabellada la idea que propone que el impacto de un cuerpo de gran volumen e importante masa chocando a gran velocidad pueda provocar una ola gigante. Después de todo, es lo mismo que sucede con la piedra cayendo en el estanque.

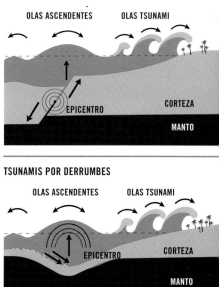

TSUNAMIS POR TERREMOTO

OLAS ASCENDENTES · OLAS TSUNAMI

EPICENTRO · CORTEZA · MANTO

TSUNAMIS POR DERRUMBES

OLAS ASCENDENTES · OLAS TSUNAMI

EPICENTRO · CORTEZA · MANTO

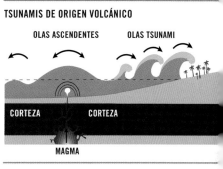

TSUNAMIS DE ORIGEN VOLCÁNICO

OLAS ASCENDENTES · OLAS TSUNAMI

CORTEZA · CORTEZA · MAGMA

TSUNAMIS PRODUCIDOS POR METEORITOS

OLAS TSUNAMI

ONDA DE CHOQUE · CORTEZA · MANTO

RECORRIENDO LA ZONA AFECTADA POR EL TSUNAMI DEL 11/3/2011 EN MINAMISANRIKU, JAPÓN.

EL NIÑO QUE NOS ALTERA

Océano y atmósfera están íntimamente ligados. Lo que le pasa a uno repercute en el otro y viceversa. Ambos se mueven debido a las diferencias de densidad que genera el Sol al calentar los Polos más que el Ecuador. Desde hace cientos de años, los pescadores de las costas de Perú han encontrado una relación entre la temperatura de sus costas y la variación en la producción pesquera. Con agua atípicamente cálida, los cardúmenes se retiran hacia el Sur en busca de aguas frías. Estas aguas calientes no se presentaban todos los años, solo de vez en cuando a lo largo de la costa. A este fenómeno se lo llamó Niño porque usualmente el calentamiento del mar comenzaba cerca de la Navidad, el día del nacimiento del niño Jesús. Hasta hoy no se conoce completamente cómo calentamientos en diferentes sectores del Océano repercuten en el comportamiento de la atmósfera en zonas muy distantes del planeta. En ese tipo de simbiosis entre mar y atmósfera, el Niño es quien más fama ha cobrado en las últimas décadas. Nuestro mayor océano no tiene pensado pasar desapercibido y habrá que prestarle toda nuestra atención si no queremos sorpresas.

NIÑO Y NIÑA

El Niño y la Niña son variaciones de las condiciones normales y habituales del sistema océano-atmósfera sobre el Océano Pacífico.

El Niño

Por razones aún no claras, los vientos alisios en el Pacífico ecuatorial, central u oriental disminuyen su intensidad. El agua cálida apilada por estos vientos al oeste del Pacífico, ahora débiles, se desparrama hacia el este. Por lo tanto, un flujo de agua muy cálida viaja hacia el Este durante varias semanas y lleva consigo su capacidad de generar tormentas hacia el Pacífico Central, lo cual afecta seriamente la circulación atmosférica que repercute en todo el planeta. Los vientos bajos, habitualmente del Este, se debilitan tanto que en algunos casos se invierten y comienzan a soplar del Oeste.

Por otro lado, la contracorriente de agua ecuatorial se ve incrementada por esa circulación hacia el Este y una lengua de agua muy cálida, que en diciembre fluye habitualmente hacia Perú, se intensifica

SEQUÍA EN EL SUDESTE ASIÁTICO

INUNDACIONES EN PERÚ

tanto que llega hasta las costas de Chile en el Sur y anula la surgencia de agua, profunda y fría, que fertilizaba a la región marina generando ahora impactos

negativos en la producción pesquera. Se producen inundaciones sobre Perú, mientras que en Indonesia y Australia prevalecen las sequías.

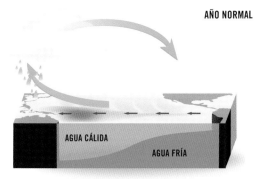

AÑO NORMAL

AGUA CÁLIDA

AGUA FRÍA

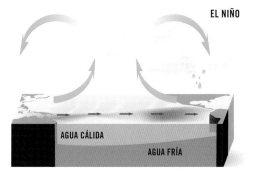

EL NIÑO

AGUA CÁLIDA

AGUA FRÍA

Niña

Cuando los vientos alisios soplan más intensamente de lo normal potencian los desequilibrios a lo largo del Pacífico. El agua caliente se apila más de lo habitual sobre

las costas de Indonesia y surge agua fría de las profundidades sobre las costas de Perú, el Pacífico tropical central y oriental. En Indonesia y en Australia llueve mucho más de lo habitual mientras que en el centro y el este del Pacífico la lluvia escasea.

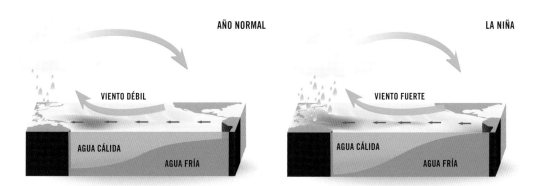

AÑO NORMAL

VIENTO DÉBIL

AGUA CÁLIDA

AGUA FRÍA

LA NIÑA

VIENTO FUERTE

AGUA CÁLIDA

AGUA FRÍA

EL CORAZÓN DE LAS NUBES

Todos creen saber cómo se forma una nube y hasta muchos afirman conocer los procesos que llevan a la formación de una gota de lluvia. Sin embargo, estas cuestiones no son nada simples y las teorías actuales no explican la enorme cantidad de interacciones que se producen en el corazón de una nube. Parte de los errores de los pronósticos del tiempo reside en el hecho de no poder reproducir en una computadora de manera adecuada el proceso de formación y de crecimiento de las gotas de agua. Es momento entonces de acercarnos al enigmático mundo de la lluvia.

¿CÓMO SE FORMA UNA GOTA?

Cuando hablamos de gotas nos referimos al agua en estado líquido. El vapor no contiene gotas, es un gas compuesto por moléculas de agua, es decir, agua en estado gaseoso. El proceso de condensación por el cual el agua pasa de vapor a gotas casi nunca se da de manera espontánea, sino que necesita la presencia de pequeñas partículas sólidas presentes en el aire para que el vapor pueda condensar sobre ellas y formar la gota. Estas suelen ser sales, polvo u otras partículas sólidas, conocidas como **núcleos de condensación**.

Una vez formada la gota, y si existe humedad suficiente, comienza la fase de crecimiento. Cuando el aire asciende, se expande y se enfría humedeciéndose. Si asciende lo suficiente, alcanza el nivel de condensación a partir del cual comienzan a formarse las gotas y por consiguiente las nubes.

En las nubes cálidas, sin presencia de hielo por tener temperaturas superiores a 0 °C, el mecanismo que hace crecer las gotas de nube hasta gotas de lluvia es la colisión y la coalescencia. Dos gotas pequeñas quedan unidas luego de chocar entre sí. A medida que este proceso se repite, las gotas de mayor tamaño comienzan a moverse a diferente velocidad que las de menor tamaño favoreciendo la cantidad de colisiones entre ellas. Cuando el peso de la gota ya no puede ser sostenido por la corriente de aire ascendente que dio origen a la nube, la gota cae convirtiéndose en una gota de lluvia. En su recorrido hasta la superficie del suelo podrá atravesar capas secas perdiendo parte de su volumen y hasta evaporarse por completo. Las nubes cálidas suelen generar gotas de menor tamaño que las nubes frías.

En las nubes frías, y en contra de lo que muchos creen, el agua líquida puede tener temperaturas bajo cero sin congelarse. En este caso se llama **agua sobreenfriada** y su estado es muy inestable, es decir que, al mínimo contacto con otra gota o con un cristal de hielo, tenderá a congelarse. En las nubes más altas suelen convivir cristales de hielo rodeados de gotas sobreenfriadas. Cuando estos alcanzan un tamaño suficiente, caen y chocan con las gotas de agua sobreenfriadas que se congelan al tocarlos creando una nueva capa de hielo. Este proceso se llama **acreción**. Los cristales de hielo también chocan entre sí formando cristales más grandes y más pesados en otro proceso conocido como **agregación**.

Si los cristales que comienzan a caer se encuentran con temperaturas mayores, tienden a derretirse llegando al suelo como agua líquida. Si, por el contrario, debajo de la nube hay aire frío, llegan al suelo como **nieve**. A veces, por la combinación de capas de aire frío y cálido, las gotas llegan congeladas y sólidas a la superficie o como gotas de agua sobreenfriadas que se congelan al tocar cualquier superficie fría como plantas, autos, cables, etc. Este fenómeno se conoce como **lluvia engelante**.

AGUA PRECIPITADA

El término **precipitación** se usa para designar cualquier estado del agua que cae desde las nubes a la tierra. Las más conocidas son la lluvia, el granizo y la nieve. El instrumento habitual para medir la lluvia es el pluviómetro, aunque también puede estimarse por sistemas de teledetección como el radar, o mediante hidroestimadores basados en observaciones desde satélites.

¿LLUVIA O LLOVIZNA?

La diferencia entre ambas reside en el tamaño de la gota que cae. Las gotas grandes son de lluvia y las chicas de llovizna. Las gotas de lluvia, al ser más grandes y pesadas, suelen caer de manera más vertical que las pequeñas gotas de llovizna, livianas y voladoras. Para la lluvia paraguas, y para la llovizna, pilotos o capas.

⚡ PLANETA EXTREMO

Cuando las gotas de lluvia presentes en la atmósfera interactúan con la luz del Sol pueden generar un hermoso fenómeno óptico: *el arcoíris*. Para poder verlo, la lluvia se tiene que dar en el lado del cielo "opuesto" al Sol. La luz del Sol, conocida como "luz blanca", contiene todos los colores que el ojo humano puede percibir. Cuando la luz pasa de un medio a otro de distinta densidad, como sucede entre el aire y una gota, cada color toma una dirección distinta y la luz se descompone en diferentes direcciones dando lugar al arcoíris.

CUANDO EL CIELO NOS HABLA

En ocasiones, la atmósfera se manifiesta de manera violenta generando fenómenos de tiempo severo que provocan pérdidas económicas y humanas. La actividad eléctrica suele estar presente en la mayoría de los casos como síntoma de que las cosas no van bien. Es el turno de hablar de las tormentas.

¿QUÉ SE NECESITA PARA QUE SE FORME UNA TORMENTA?

Es fundamental contar con aire inestable y con algún mecanismo que lo haga ascender hasta el nivel a partir del cual la tormenta se vuelva autosuficiente. El aire inestable es aquel que puede ascender por sus propios medios. A medida que asciende, forma gotas que liberan calor, lo que favorece su ascenso. Ese calor y este mecanismo

son el combustible y el motor de las tormentas. Cuánto más cálido y húmedo es el aire de los niveles bajos, más fuerte y más profundo será el ascenso en el corazón de una tormenta. Así, podrá generar ráfagas de ascenso que superen los 150 k/h.

¿QUIÉN ORGANIZA LAS TORMENTAS?

La respuesta es el viento. Dependiendo de cómo varíe el viento con la altura, variará el tipo de tormenta. El cambio que experimenta el viento a medida que ascendemos en la atmósfera se llama **cortante vertical**.
Las **tormentas ordinarias** tienen tiempos de vida inferiores a una hora. Como no están afectadas por el viento del entorno, su desarrollo es de tipo torre, es decir, una nube bien vertical que crece sin inclinarse. Su evolución puede dividirse en tres momentos:

1. **Desarrollo**: se presenta una única corriente de ascenso que aporta la humedad proveniente desde niveles bajos para condensar y aumentar la cantidad de gotas y cristales de hielo.

2. **Madurez**: las gotas que precipitan crean una corriente descendente que se extiende en forma de un frente de ráfagas en la superficie. Esta corriente descendente corta el suministro de aire húmedo ascendente.

3. **Disipación**: la lluvia disminuye, la visibilidad mejora y las nubes se desvanecen.

Este tipo de tormentas pueden producir fenómenos de tiempo severo tales como granizo, precipitaciones intensas y, ocasionalmente, tornados débiles o trombas.

Al grupo de **tormentas alineadas** se las conoce como líneas de inestabilidad. Estas suelen generar intensas lluvias y fuertes ráfagas de viento. El aire frío que baja de ellas genera un frente de ráfagas que levanta el aire caliente que tiene por delante. Esto favorece el ascenso de aire húmedo y lo introduce en el corazón de la línea donde se genera nueva condensación y liberación de calor. Este proceso es muy efectivo y puede durar varias horas haciendo que la línea avance cientos de kilómetros antes de dispersarse. Si observamos el avance de una línea transversalmente veremos tormentas en desarrollo en el frente, maduras en el medio y disipándose en la parte trasera.

Las **tormentas superceldas** suelen ser las más intensas. En ellas se combinan el aire inestable y cortante del viento de manera óptima haciendo que la atmósfera desarrolle su mayor capacidad de severidad. Se forman cuando el viento genera rotación horizontal del aire en forma de rodillos acostados. Cuando la nube se desarrolla, su corriente ascendente tiende a inclinar el rodillo haciéndolo girar de manera vertical. En algunos casos el rodillo horizontal genera dos rodillos verticales, cada uno girando con distinto sentido, y la nube de tormenta de divide en dos nuevas tormentas.

Ya con la rotación inclinada en la vertical, la supercelda posee una corriente de aire ascendente que gira. Esta es la característica fundamental de este tipo de tormentas lo que las convierte en la que todo cazatornados intenta encontrar. Es la que genera los granizos de mayor tamaño, los tornados, ráfagas y lluvias más intensas. No siempre puede desarrollar tornados, pero estar cerca de una de ellas no implica otra cosa más que peligro.

TORMENTA ELÉCTRICA   TORMENTA SUPERCELDA

HIELO A 150 KILÓMETROS POR HORA

Ante cada alerta meteorológica la gente recuerda la última granizada que afectó su zona o ciudad. El ruido de las piedras cayendo sobre los autos, los techos o el mismo suelo es un suceso difícil de olvidar. La mezcla de hojas y hielo, las alarmas de los autos sonando y las personas heridas configuran el típico paisaje posterior al granizo.

¿DE QUÉ SE TRATA?

Hablamos de granizo cuando caen partículas de hielo de un diámetro igual o superior a 5 mm. En los casos más severos superan los 10 cm de diámetro. Se produce en muchas zonas de nuestro planeta y suele generar millonarias pérdidas en la producción agropecuaria, con daños graves sobre los cultivos, mortandad de animales y hasta incluso pérdidas de vidas humanas. Las zonas del planeta con mayor frecuencia y tamaño de granizo son la provincia de Mendoza en Argentina, Alberta en Canadá, Nueva Gales del Sur en Australia, en el callejón de los tornados en Estados Unidos y en algunos puntos de Europa.

¿CÓMO SE FORMA?

El granizo se forma en el interior de una nube de tormenta. Para que el fenómeno suceda se requieren varios componentes. Principalmente, la nube debe alcanzar temperaturas inferiores a 0 ° C para que el agua pueda congelarse o sobreenfriarse. Si la nube cuenta con núcleos de congelación, el vapor presente en ella se congregará alrededor de estas partículas sólidas para dar origen al embrión de granizo. En esta instancia el agua sobreenfriada aporta la humedad necesaria para que el granizo crezca por deposición de vapor, y al entrar en contacto con el granizo genera una película de hielo que hace que este aumente su volumen y su peso. El granizo también crecerá por choques con otros granizos y con cristales más pequeños en un proceso conocido como **acreción**. La corriente de aire ascendente aporta más humedad e impide que las piedras caigan de la nube. Cada nuevo

¿SABÍAS QUE...?

Según la OMM (Organización Meteorológica Mundial) el 30 de abril de 1888 cayeron en Moradabad, India, piedras del tamaño de naranjas que ocasionaron 246 muertes.

ascenso hace crecer al granizo como en un proceso similar al crecimiento de una bola de nieve. Todo se termina cuando el granizo es tan pesado que la ascendente no puede sostenerlo más y cae al piso a una velocidad superior a los 150 km/h.

¿SE PUEDE ANTICIPAR EL GRANIZO?

Los meteorólogos podemos determinar, durante los días previos, zonas en las que creemos se van a desarrollar tormentas intensas. Determinada una amplia zona, se activan las alertas algunas horas antes de la formación de la tormenta. Solamente con la tormenta formada, y no antes de ella, y mediante observaciones de radar, es posible saber si una tormenta está o no generando granizo. El granizo ocasiona en el radar un eco fácil de detectar que permite estimar un desplazamiento inmediato y hacer pronósticos a muy corto plazo a las localidades que están en el camino de dicha tormenta.

⚡ PLANETA EXTREMO

¿QUÉ SÍNTOMAS NOS DA EL CIELO ANTES DE GRANIZAR?

Primero mira cuán oscuro se puso el cielo. La presencia de nubes con gran desarrollo oscurece el cielo porque la luz solar no puede atravesarlas. Esto habla de la potencia de la tormenta que, como mencioné, es un factor importante a la hora del granizo.
Observa si en esta nube oscura hay colores verdes o turquesas que muchas veces son previos a la caída de granizo.
Nota que la caída de granizo genera una cortina más brillante e intensa que la de la lluvia.
Si ves que la nube presenta actividad eléctrica continua e incesante esto significa que contiene abundante hielo en su interior.

DOS EXTREMOS MORTALES

CUANDO EL AGUA AMENAZA

Si bien el agua es el recurso más valioso para la vida, también es, durante las **inundaciones**, el fenómeno que más poblaciones afecta en el mundo. A lo largo de los últimos años, el número de inundaciones ha ido en aumento en gran medida por culpa del hombre. El desmonte, el uso del suelo y la escasa planificación en el aumento del tamaño de las ciudades, modifican la respuesta hidrológica de las cuencas, incrementando la ocurrencia y la magnitud de inundaciones.

Hablamos de inundación cuando debido a la precipitación, oleaje, marea de tormenta, o falla de alguna estructura hidráulica, se genera un aumento en el nivel del agua de los ríos, lagos, lagunas o el mar, provocando una invasión de agua en sitios donde usualmente no la hay. Sus daños más significativos son contra la población, la agricultura, la ganadería e infraestructura, como puentes y caminos.

La diferencia entre *inundaciones lentas y repentinas* es el tiempo que tardan en manifestarse los efectos desde que comienza a llover hasta que se genera el escurrimiento. Las inundaciones repentinas son rápidas y muy peligrosas, y generalmente se dan luego de lluvias muy intensas, sobre suelos altamente impermeables y en terrenos con pendientes.

Según su causa, las inundaciones se clasifican en:

- **Pluviales**: causadas por la lluvia;
- **Fluviales**: originadas por el desborde de ríos;
- **Costeras**: se producen cuando el nivel medio del mar asciende e ingresa tierra adentro;
- **Por rupturas de represas naturales**: debido al derretimiento de hielos o nieve que obstruyen los cursos de agua;
- **Por falla de obras hidráulicas**: terriblemente mortales, su origen no es natural, sino que obedece a un manejo inadecuado de las herramientas para evitar inundaciones, generar energía o uso industrial.

¿SABÍAS QUE...?

La intensidad de la lluvia es la cantidad de agua que cae en un periodo. Se suele medir en milímetros por hora. La infiltración, el proceso por el cual el agua logra ingresar al suelo, está afectado por la mayor o menor permeabilidad del terreno. Resulta más probable que las inundaciones producidas por lluvias intensas sean más rápidas y mayores en suelos arcillosos que arenosos.

UN FENÓMENO SILENCIOSO

La **sequía** es un fenómeno silencioso y muy peligroso ya que las pérdidas que ocasiona la sitúan entre los desastres naturales más costosos. Sumadas, las sequías del mundo generan más pérdidas que los huracanes o los tornados. Sus daños no conocen límites ya que no están circunscritas a zonas bajas, como el caso de las inundaciones, o a fallas tectónicas, como sucede con los terremotos. Cuando una zona registra un largo periodo de escasez o falta de lluvia hablamos de sequía. Para hablar de lluvias por debajo de lo normal tenemos que conocer los valores normales, o el clima, de la región en cuestión. La herramienta más utilizada para detectarla es la estadística. El método **Índice de Precipitación**

Estandarizada (IPE o SPI por sus siglas en inglés) se usa para saber cuán raro, estadísticamente hablando, es el faltante de lluvias sobre una zona en particular.

Algunos eventos asociados con las sequías son:

- Disminución de la producción agrícola y ganadera.
- Incremento de los incendios forestales.
- Disminución de la energía hidroeléctrica.
- Disminución de la actividad industrial.
- Deterioro de la higiene personal por escasez de agua.
- Proliferación de enfermedades asociadas con la ingesta de agua no apta para el consumo.
- Aumento de la deserción escolar en las zonas rurales.

PLANETA EXTREMO

INUNDACIONES

En caso de inundación:

- No cruces cauces o correntadas con vehículos; una correntada de 60 centímetros es suficiente para desplazar la gran mayoría de los automóviles.
- No camines por lugares inundados, puedes caer en desagües o en bocas de tormentas destapadas por la fuerza del agua.
- No entres en contacto con cables bajo ninguna razón, el riesgo de electrocución es alto.
- Guarda en una bolsa de plástico tus documentos personales, radios portátiles y teléfonos celulares para seguir las indicaciones de defensa civil y mantenerte comunicado.
- No abandones a las personas con dificultades de movilidad.

SEQUÍAS

No todo es tan simple cuando hablamos de sequías. Se trata de un fenómeno complejo ya que no existe una variable física única para cuantificar su peligrosidad. Podemos conocer la fuerza de una ráfaga de viento sabiendo la velocidad que alcanzó, pero desconocemos el impacto de una sequía ya que el único dato que tenemos es el tiempo de ausencia de lluvias. Por lo tanto, las consecuencias de una sequía dependerán de las características particulares de la zona afectada.

Como todo evento extremo, cuanto más vulnerable es el lugar afectado, más profundo es el impacto. Por esto es vital anticiparnos a este fenómeno mediante la utilización de sistemas de alerta temprana, es decir, indicadores que contemplan aspectos climáticos, hidrológicos e hídricos con el fin de anticipar el comienzo de la sequía, o durante ella, tomar medidas eficientes para minimizar las pérdidas humanas y económicas.

UN SUELO DE NUBES

La niebla es un fenómeno meteorológico que consiste en la formación de nubes a nivel del suelo. Como todas las nubes, están formadas por gotas de agua muy pequeñas en suspensión causada por un aumento del vapor de agua o por un enfriamiento al tomar contacto con la superficie terrestre. Las nieblas reducen la visibilidad a nivel del suelo y pueden tener mucho impacto sobre la vida cotidiana.

¿NIEBLA O NEBLINA?

Para que se considere **niebla** la visibilidad debe estar reducida a menos de un kilómetro. En cambio, hablaremos de **neblina** cuando esta disminución esté comprendida entre 1 y 10 km y siempre que la humedad relativa sea superior al 80 %. Ante humedades inferiores al 80 %, lo correcto es hablar de **bruma**.

UN FENÓMENO CON CONDICIONES

Para que la niebla ocurra deben cumplirse ciertas condiciones:

1. *Humedad relativa* cercana al 100 %, aunque pueden observarse desde humedades superiores al 80 %.
2. *Aire seco* en niveles superiores. El aire húmedo y las nubes absorben la radiación terrestre disminuyendo el enfriamiento de las superficies.
3. *Inversión térmica* con la altura que dificulte la convección y por lo tanto la mezcla vertical con aire seco de niveles superiores.
4. El *viento suave* o la calma también disminuyen la mezcla turbulenta y favorece además que el aire permanezca más tiempo sobre la superficie sobre la cual se enfría aumentando las chances de alcanzar la saturación.
5. Deben existir en el aire *partículas* sobre las que el vapor de agua pueda condensarse y formar las gotas; a estas partículas se las conoce como **núcleos de condensación**. Suelen ser diminutos cristales de sal, polvo u otros productos de combustión. Una concentración alta de núcleos de condensación aumenta la probabilidad de que la niebla esté compuesta de un gran número de gotitas diminutas en lugar de un número menor de gotitas más grandes. Una concentración alta de gotitas muy pequeñas degrada fuertemente la visibilidad.

TIPOS DE NIEBLA SEGÚN SU FORMACIÓN

Niebla de advección

Se produce por el desplazamiento de aire húmedo sobre una superficie fría. Al enfriarse alcanza la temperatura de rocío, saturándose y comenzando la condensación. Suele formarse en zonas costeras cuando el aire marítimo húmedo se desplaza hacia suelo frío. También se observa en la costa de ríos, pantanos y lagos.

Niebla radiativa

El aire quieto o con escaso desplazamiento se satura por estar sobre una superficie que se ha enfriado luego de irradiar calor a la atmósfera. El calor que fue absorbido durante el día por la superficie se emite a la atmósfera en forma de radiación terrestre infrarroja. Las noches sin nubes presentan menos impedimentos para que la radiación terrestre escape y el enfriamiento sea más rápido.

Niebla orográfica

Se produce cuando el aire húmedo se eleva por la ladera de una montaña. Al ascender, se expande, se enfría y alcanza la saturación.

Nieblas de evaporación

Se producen cuando se evapora agua en aire frío. Hay dos tipos:

- **Niebla sobre mares, lagos o lagunas**
  El aire seco que proviene de la tierra avanza lentamente o permanece en reposo sobre superficies de agua a mayores temperaturas. La evaporación del agua es la fuente de humedad que hace saturar al aire. Es muy común en zonas polares y en lagos y lagunas durante el invierno.

- **Niebla frontal**
  Cuando un frente cálido avanza, la lluvia producto del ascenso de aire cálido y húmedo cae sobre aire frío y relativamente más seco. Las gotas tienden a evaporarse aportándole al aire frío inferior toda la humedad necesaria para alcanzar la saturación. Este proceso de formación de niebla se verifica por lo general en invierno.

Niebla en depresiones del terreno

Cuando el terreno presenta ondulaciones, el aire frío gana las zonas bajas porque es más denso. Al quedar estancado e inmóvil, se potencia su enfriamiento hasta alcanzar la condensación. También se la conoce como niebla de valles.

DISIPACIÓN DE LAS NIEBLAS

La dispersión de las nieblas se producirá cuando cese el efecto que las provocó. El sol calentando el suelo, la mezcla turbulenta por aumento de la velocidad del viento o la formación de nubosidad por encima de la niebla (reduciendo el enfriamiento radiativo) suelen estar entre los mecanismos más efectivos para la disipación.

¿SABÍAS QUE....?

Algunas recomendaciones en caso de niebla:
- Reduce la velocidad.
- Mantén limpio el parabrisas.
- Evita adelantar.
- No uses luces altas.
- Pisa con frecuencia suavemente el freno para resaltar las luces traseras.
- Si te detienes, hazlo fuera del camino y con las luces encendidas.

FENÓMENOS DEL
FUEGO

LAS LUCES DEL UNIVERSO

Cada vez que miramos al cielo las encontramos: coloridas, más o menos brillantes, y en posiciones estratégicas para que los navegantes puedan usarlas de guía para llegar a destino. Nuestro Sol, por su cercanía, nos ha permitido aprender mucho del resto de las estrellas de la galaxia. Sabemos cómo nacen, cómo evolucionan y cómo mueren. También a qué se deben sus colores y tamaños. Sin embargo, lo que aún no hemos podido determinar es si esas estrellas que estamos viendo están ahí realmente.

NACE UNA ESTRELLA

Todo comienza con una bola de plasma que surge de nubes de hidrógeno. Estas nubes pueden permanecer estables durante millones de años, pero tarde o temprano algo las vuelve inestables y allí comienza la "magia". La gravedad acerca a las moléculas alrededor del punto de mayor densidad, cada vez a mayor velocidad aumentando la temperatura. Esto origina pequeñas bolas de gas caliente llamadas **protoestrellas**. Si la nube es lo suficientemente grande, al concentrarse en la nueva estrella tendrá energía como para "encenderla". La estrella resultante podrá ser roja y no muy brillante, amarilla como nuestro Sol, o de un azul intenso para estrellas más grandes. Las de mayor temperatura serán más azules mientras que las menos calientes mostrarán colores más anaranjados.

ESTRELLAS, POLVO Y NEBULOSA DE GAS EN UNA GALAXIA LEJANA   GRAN GALAXIA ANDRÓMEDA

Si no logra alcanzar el millón de grados, quedará como una bola de gas "apagada" emitiendo radiación infrarroja.

EL TAMAÑO DE LAS ESTRELLAS

Las estrellas tienen distintos tamaños. El **Sol**, por ejemplo, es una estrella mediana. Algunas estrellas son mucho más grandes, como la super gigante roja **Antares**, 800 veces más ancha que el Sol. Si esta estrella estuviera en el centro de nuestro sistema solar, se tragaría todos los planetas interiores, incluida la Tierra. Si, en cambio, en el centro de nuestro sistema solar estuviese **VV Cephei**, una de las estrellas más grandes conocidas, ya estaríamos adentro de ella porque su volumen es tan grande que alcanzaría la órbita de Júpiter. Y si nuestro Sol fuese la super gigante **VY Canis Majoris** se estima que alcanzaría la órbita de Saturno.

¿CÓMO SE MIDE EL BRILLO DE UNA ESTRELLA?

La diferencia de brillo de las estrellas se debe al tamaño y a la distancia a la que se encuentran. Si una estrella es pequeña, pero brilla mucho puede parecer una estrella grande que brille poco. Una estrella lejana muy grande y brillante puede confundirse con una cercana que brille poco. Nuestros ojos no pueden distinguir más que cantidad de luz y levemente el color de algunas estrellas.

¿SABÍAS QUE...?

Los astrónomos creen que solo en nuestra galaxia las estrellas se cuentan en cientos de miles de millones. La enorme mayoría no son captadas por nuestros ojos. El número de estrellas observables a simple vista desde la Tierra ronda las 8000, de las cuales la mitad es vista desde cada hemisferio. Tendríamos que restar las que no vemos por estar muy cerca del horizonte. En resumen, como observadores del cielo nocturno, durante una noche despejada no se pueden ver más de 2000 al mismo tiempo.

⚡ PLANETA EXTREMO

"OTROS BUENOS ASTRÓNOMOS FUERON GALILEO, KEPPLER Y MESSIER"

Existe una clasificación que analiza el tipo de radiación que emite cada estrella la cual depende de su temperatura. Se llama **clasificación espectral**. Las letras que se usan en esta escala van de las más cálidas a las más frías de la siguiente manera: O, B, A, F, G, K, M. Para recordarlo usamos la regla mnemotécnica "Otros Buenos Astrónomos Fueron Galileo, Keppler y Messier". Según esta clasificación el Sol es una estrella del tipo G2.

EL ASTRO REY

El Sol, la estrella más cercana a la Tierra, está ubicado a unos 150 millones de kilómetros y es el objeto celeste más brillante que vemos a diario. Se formó hace unos 4600 millones de años y se cree que dispone de combustible para otros 5000 millones de años más. En términos de vida humana, equivale a una persona de 40 años de edad. Cuando llegue a su vejez, se expandirá convirtiéndose en una estrella gigante roja para colapsar en el final de su vida hacia una estrella enana blanca. Cada día utilizamos la energía que el Sol nos entrega, desde los combustibles hasta la energía eólica, toda energía proviene directa o indirectamente de nuestra estrella. Todo lo que suceda en el Sol impactará en la Tierra y por esto es fundamental aprender sus características principales y su comportamiento.

¿DE QUÉ ESTÁ HECHO EL SOL?

Desde el centro hacia afuera estas son las distintas capas del Sol:

- **Núcleo:** la zona donde se produce la fusión nuclear asociada con la mayor temperatura de toda la estrella que se estima en 14 millones de grados centígrados.

- **Zona Radiactiva:** absorbe su energía y vuelve a emitirla tantas veces que lleva 170 000 años alcanzar la siguiente capa.
- **Zona Convectiva:** columnas de gas caliente ascienden hasta la superficie, se enfrían y vuelven a descender generando celdas de convección que se manifiestan como el clásico granulado solar que vemos desde la Tierra mediante telescopios solares.

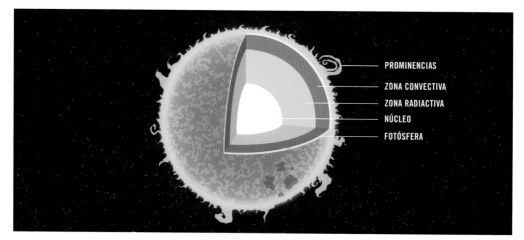

PROMINENCIAS
ZONA CONVECTIVA
ZONA RADIACTIVA
NÚCLEO
FOTÓSFERA

- **Superficie solar:** desde aquí comienza a emitirse la radiación visible para el ojo humano.
- **Fotosfera:** es la primera capa y la más visible con cerca de 400 km de espesor y 5000 °C de temperatura. En ella se producen las manchas solares.
- **Cromosfera:** Es una región tenue, irregular y de color rojizo observable durante un eclipse de Sol.
- **Corona:** la capa más externa que se extiende desde 30 000 km por encima de la superficie solar por varios millones de kilómetros hasta donde nace el viento solar. Se vuelve muy llamativa durante la fase total de un eclipse de Sol.

LA DINÁMICA SOLAR

Nuestra estrella es de tamaño mediano y temperatura ligeramente más caliente que la gran mayoría de sus vecinas de la galaxia. Los procesos de fusión nuclear que se dan en su centro le brindan la energía para contrarrestar la gravedad que tiende a llevarla hacia su centro. La energía generada en el centro del Sol tarda cientos de miles de años en alcanzar la superficie de la estrella. Por segundo, 700 millones de toneladas de hidrógeno se convierten en helio. El calor liberado, además de darnos la vida en la Tierra, genera en el interior del Sol movimientos convectivos que llevan calor desde su núcleo hacia la zona externa. Igual que en la Tierra, este movimiento de materia genera un intenso campo magnético.

CICLOS SOLARES

El Sol es una estrella estable pero su rotación hace que su campo magnético se deforme, se enrosque y vuelva a organizarse en un período de 11 años invirtiendo su polaridad. Al cabo de 22 años, el Sol vuelve a su configuración inicial. A este período se lo conoce como **ciclo solar** y es el que regula buena parte de la actividad solar.

MANCHAS SOLARES

En la superficie del Sol suelen aparecer periódicamente manchas oscuras fácilmente reconocibles. La falta de brillo de estas se debe a su temperatura inferior al resto de la superficie solar.

⚡ PLANETA EXTREMO

El material expulsado desde la superficie del Sol viaja por todo el sistema planetario. Se trata de partículas cargadas (protones y electrones) que se desplazan a cientos de kilómetros por segundo en lo que se conoce como *tormenta solar*. Al llegar a la Tierra, estas partículas interactúan con la magnetosfera generando auroras polares.

CEMENTERIO DE ESTRELLAS

La vejez de una estrella comienza cuando el combustible nuclear se agota. A partir de este momento, su evolución será muy distinta dependiendo de su masa. Una vez consumido el hidrógeno, si la masa de la estrella permite que se sigan fusionando elementos más pesados, se expandirá convirtiéndose en una estrella gigante. En el caso del Sol, se volverá una estrella gigante roja y al aumentar su volumen alcanzará a Mercurio y a Venus consumiéndolos. Cuando el material fusionable se agota, la estrella pierde la presión interna y puede mutar lenta o rápidamente hacia otro objeto cósmico. Otra vez, la masa de la estrella condicionará su destino final: un agujero negro, una estrella de neutrones, una supernova o una enana blanca rodeada de una nebulosa planetaria, entre otros.

Pero la muerte de la estrella no termina aquí. Si el resultado final de una supernova es un cuerpo central 1,4 veces mayor que la masa del Sol, se convertirá en una estrella de neutrones. Si, en cambio, el remanente de la supernova genera un cuerpo 2,2 veces mayor o más que la masa del Sol, el resultante será un agujero negro.

¿QUÉ ES UN AGUJERO NEGRO?

Es una región del espacio con tanta masa concentrada en un punto que ningún objeto, ni siquiera la luz, puede escapar de su atracción gravitacional. Para entender este fenómeno pensemos en un ejemplo cotidiano. Todos los que alguna vez arrojamos una piedra sabemos que tarde o temprano caerá al suelo por la fuerza de gravedad de

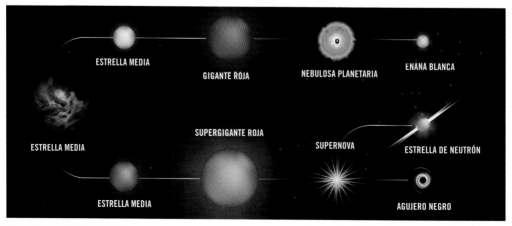

CICLO DE VIDA DE UNA ESTRELLA

la Tierra. Jamás nuestro brazo sería capaz de arrojarla con tanta violencia que la misma alcanzara la velocidad de escape de la Tierra. Para que esto suceda, deberíamos lanzarla a 40 320 km/h. En el caso de los agujeros negros, la masa es tan grande que para que un objeto escape de él habría que arrojarlo a una velocidad superior a la velocidad de la luz. Y nada puede viajar a mayor velocidad que la luz, así que cualquier objeto que esté dentro de su radio de acción será atraído hacia él, incluso la luz.

LLUVIAS DE METEOROS

Los cometas y algunos asteroides que se acercan al Sol van perdiendo parte de su masa generando una especie de huella, es decir, una nube de pequeños escombros que flota en el sistema solar. La Tierra, en su recorrida anual alrededor del Sol, suele atravesar algunas de estas nubes de hielo y polvo. Cada vez que alguna partícula es alcanzada por la atmósfera terrestre se genera una fricción tan alta que el objeto comienza a emitir luz observable desde la Tierra. En la mayoría de los casos son partículas pequeñas del tamaño de granos de sal gruesa que generan luces que surcan parte del cielo en fracción de segundos y a grandes velocidades. Cuando la luz de los meteoros es muy importante lo llamamos

bólido cuyo tamaño puede superar el de un puño humano y alcanzar varias decenas de kilos de peso. La periodicidad de la órbita terrestre alrededor del Sol provoca que la huella de cada uno de estos cometas y asteroides sea "pisada" siempre en la misma época del año pudiendo generar una rutina anual de lluvias de meteoros.

¿SABÍAS QUE....?

No existe ningún tipo de peligro durante las lluvias de meteoros. Son observables a simple vista y no hace falta ningún tipo de telescopio. Es fundamental alejarse de las ciudades para disminuir la contaminación lumínica que generan.

⚡ PLANETA EXTREMO

Según propuso el genial **Stephen Hawking** existe algo que logra escapar de los agujeros negros. El célebre astrofísico descubrió que estos no son completamente negros, sino que emiten una débil radiación conocida como *"radiación de Hawking"* que se produce en el límite de su zona de influencia. Es una emisión tan leve que solo se ha detectado su rastro en modelos de laboratorio. Seguramente más temprano que tarde la ciencia conseguirá explicarnos cómo funcionan estos objetos tan enigmáticos.

UNA PODEROSA Y MORTAL DESCARGA

Vamos a referirnos ahora al más mortal de los fenómenos meteorológicos. Cada día la atmósfera genera más de ocho millones de *rayos*: una chispa con la suficiente energía para alimentar ciudades enteras durante días. Sin aviso, y en fracciones de segundo, el aire se parte para dar paso a una fuerte corriente que destroza lo que toca. La descarga eléctrica del rayo se caracteriza por la emisión de luz producto del paso de corriente eléctrica que ioniza las moléculas de aire. A esta luz suele seguirla un fuerte sonido llamado *trueno*. Cada vez que escuchamos uno debemos saber que estamos en una zona peligrosa si estamos al aire libre y en zonas descampadas. No existe una teoría perfecta que logre describir cómo se forman los rayos, solo conocemos la manera de protegernos y corrernos de su camino.

¿CÓMO SE FORMA UN RAYO?

La palabra "electrostática" puede asustar a muchos no científicos. Por eso, para abordar el tema, te propongo un experimento casero: frota una regla de plástico contra tu cabellera. Inmediatamente después, acerca la regla a una hoja de papel y notarás que la hoja será atraída por la regla. La **fricción** que se generó entre el pelo y la regla provoca la atracción del papel hacia la regla. La regla se cargó negativamente, obteniendo electrones del cabello que luego atraen al papel. El punto es que la atracción entre ambos se mantendrá en tanto las cargas no se redistribuyan. Si no se tocan ambos elementos, el aire se encargará de mantener separadas las cargas soportando la tensión que existe entre ellos. Lo mismo ocurre en las tormentas:

el aire no puede seguir siendo aislante y se rompe, permitiendo la circulación de las cargas liberando toda la energía en milésimas de segundos. ¡RAYOS!

HAY MUCHOS TIPOS DE RAYOS

- **Nube a Tierra**
  En el 90 % se trata de rayos negativos. Esto significa que las cargas negativas llegan a tierra. También existen casos en los que, desde lo alto de la nube, cargas positivas llegan al suelo. Son menos comunes, pero su descarga es muy intensa y peligrosa. Generalmente se dan dentro de la lluvia más pareja, posterior a la lluvia inicial y más violenta de las tormentas. Suelen ser los que nos despiertan en la madrugada cuando ya nos

fuimos a dormir pensando que *"lo peor de la tormenta ya pasó"*.

- **Dentro de la nube**

  Este tipo de descarga es la más frecuente y sucede dentro de una misma nube sin salir de ella y sin tocar el suelo. Generalmente solo se ve su luz de manera difusa y se la llama **relámpago**. Su ruido es absorbido en gran medida en el interior de la misma nube.

- **Entre nubes**

  Son descargas que parten de una nube y se dirigen a otra atravesando aire claro.

- **Tierra a Nube**

  Generalmente se dan desde la cima de montañas o desde edificaciones altas. Pueden ser positivos o negativos y se ramifican hacia arriba con mucha luminosidad.

- **Nube a aire**

  Parten de una nube y se conectan con el aire limpio del entorno.

- **Rastreadores de yunque**

  Fáciles de observar por el ojo humano, muestran muchas ramificaciones de "rastreo" a lo largo de la parte inferior de las porciones de yunque de una nube cumulonimbus.

¿CÓMO PROTEGERNOS?

Recuerda que ante la presencia de una tormenta tu cuerpo puede convertirse en un pararrayos natural. Para evitar que esto suceda:

- No permanezcas en lugares elevados.
- No te refugies debajo de un árbol solitario.
- No permanezcas en terrenos descampados.
- Si no tienes tiempo de ponerte a cubierto, agáchate flexionando las piernas y con los pies juntos.
- Permanece dentro de un vehículo.
- No salgas de casa.
- Evita manipular artefactos electrónicos conectados a la red eléctrica.
- Evita ducharte durante la tormenta.

¿SABÍAS QUE....?

Hasta el siglo XVIII, en Europa hacían sonar campanadas para ahuyentar los rayos. Entre 1743 y 1786, y solamente en Francia, murieron 103 personas por subir al campanario durante una tormenta. Desde entonces se prohibió esta costumbre.

⚡ PLANETA EXTREMO

Además de los rayos, por encima de la troposfera, suelen observarse otro tipo de luces conocidas como **transientes**. Elfos, Sprites rojos y jet azules, han sido descubiertos hace muy pocos años y aún son materia de investigación.

EL PODER IMPLACABLE DEL FUEGO

Los libros de historia relatan que el hombre aprendió a dominar el fuego hace miles de años. Sin embargo, esto no siempre parece cierto. Año tras año, millones de hectáreas arden a lo largo del mundo quemando una enorme cantidad de combustible vegetal y generando amaneceres y atardeceres anaranjados que delatan la presencia de humo en la atmósfera.

CUANDO EL FUEGO SE DESCONTROLA

Hablamos de **incendio forestal** cuando un fuego sin control afecta áreas naturales como bosques, pastizales o praderas. Si no se lo detecta de manera temprana, suele propagarse rápidamente dañando recursos naturales, viviendas rurales y afectando pueblos y ciudades.

En más del 90 % de los incendios, el inicio del foco se debe a causas humanas y por este motivo es fundamental aprender a evitarlos. Conocer el estado de sequedad de la zona y una conducta adecuada pueden disminuir notablemente el número de incendios. Pero, una vez que el incendio se desata, todo dependerá de las condiciones meteorológicas y de las acciones que se lleven adelante. Lo que generalmente se observa es que, ante escenarios de vientos fuertes, baja humedad y alta temperatura, poco se puede hacer más que evacuar gente y animales para evitar la pérdida de vidas.

Solamente cuando uno vive de cerca un incendio forestal entiende la magnitud de la amenaza, lo abrazador del calor y la valentía de los bomberos que arriesgan su vida para salvar las de otros en condiciones ampliamente adversas.

¿CÓMO COMIENZA UN INCENDIO FORESTAL?

Al menos nueve de cada diez incendios forestales son causados por los seres humanos. Las causas posibles son:

- **accidentales**: por problemas con tendidos eléctricos, accidentes vehiculares, ferroviarios o aéreos.
- **por negligencia**: fogatas o cigarrillos mal apagados, quemas de banquinas, vías o de desmonte que se salen de control, y quema de basura.
- **intencionales**: por cazadores furtivos que encienden pasturas para poder cazar animales en la huida o por gente que incendia zonas para infringir daño o para cobrar seguros.
- **naturales**: por la caída de rayos o erupciones volcánicas.

TIPOS DE INCENDIOS FORESTALES

Según el tipo de combustible que se esté quemando, se clasifican en:

- **superficiales**: son los más comunes. El fuego se propaga en forma horizontal sobre la superficie del terreno, afectando combustibles vivos y muertos hasta 1,5 metros de altura.
- **de copa o aéreos**: son mucho menos frecuentes y consumen la totalidad de la vegetación. Son peligrosos y muy difíciles de controlar.
- **subterráneos**: son particularmente raros y se inician de forma superficial para luego propagarse por debajo del suelo quemando combustible compactado. No suelen producir llama y emiten muy poco humo. Son difíciles de extinguir y peligrosos.

⚡ PLANETA EXTREMO

El triángulo del fuego representa los elementos necesarios para que se produzca la combustión. Podemos extinguir un fuego eliminando uno de sus lados:
Combustible: en el caso de los incendios forestales suele ser material vegetal.
Oxígeno: en la mayoría de los casos, el comburente principal es el oxígeno.
Calor: es la energía de activación, la chispa inicial generalmente aportada por la mano del hombre.
Si eliminamos de la combustión cualquiera de los lados del triángulo el fuego se apagará.

UNA VENTANA AL INFIERNO

Cuando nos mencionan la palabra *volcán* generalmente lo asociamos con la lava incandescente que brota de este como si esa fuera su única amenaza. *Lamento decirte que esto no es así.* La lava no es el único peligro de las erupciones volcánicas. Además de ella, la mayoría de las víctimas son alcanzadas por *flujos piroclásticos* llamados también "corrientes de densidad", una nube de gases y sólidos a altísima temperatura que desciende por la ladera de los volcanes a más de 100 km/h arrasando y hasta calcinando todo a su paso. Además, los volcanes pueden arrojar rocas a grandes distancias y presentar *lahares* o corrientes de barro. *¿Algo más? ¡Sí!* Los gases potencialmente mortales que un volcán en erupción puede emitir constituyen otra de las amenazas de este fenómeno infernal.

¿QUÉ ES UN VOLCÁN?

Un volcán es un conducto o una fisura que se desarrolla sobre la corteza terrestre y que comunica la superficie con niveles más profundos. Por él ascienden, o han ascendido en el pasado, lava, gases o cenizas desde el interior de la Tierra. Su forma de cono es el resultado de la acumulación de material fundido y sólido que es expulsado desde la chimenea. A medida que el magma alcanza la superficie y pasa a llamarse lava, pierde parte de sus gases y va escurriendo por la ladera del volcán. Cada una de estas emanaciones se va solidificando y generando sucesivas capas recostadas alrededor de la chimenea del volcán.
Las partes de un volcán son:

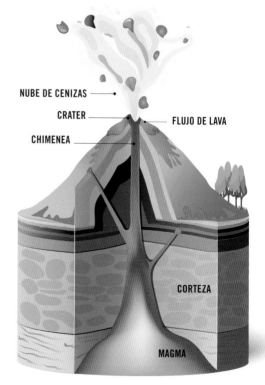

NUBE DE CENIZAS

CRATER

FLUJO DE LAVA

CHIMENEA

CORTEZA

MAGMA

- La **cámara magmática** donde se almacena la roca fundida.
- La **chimenea** es el conducto por donde asciende el magma.
- El **cráter** es la parte del volcán por donde los materiales son expulsados al exterior.
- El **cono volcánico** es la acumulación de lava y productos fragmentados. Es posible que alrededor del cono o en su base se formen conos secundarios cuyas chimeneas tienen comunicación con la principal.

El 75 % de los volcanes del mundo se encuentra sobre el cinturón de fuego del Pacífico y en total son 452. Los restantes se encuentran distribuidos por el planeta en Islandia, Hawaii, Italia, Grecia, el este africano, la Antártida e islas formadas sobre la dorsal atlántica.

La **explosividad** de un volcán depende de la viscosidad de la lava y de su contenido en gases. Los magmas ácidos suelen ser más viscosos y con mayor contenido en gases, lo que origina erupciones más violentas.

TIPOS DE VOLCANES

- **Estratovolcanes**: son los más fotografiados, típicamente cónicos y en algunos casos con picos nevados. El Monte Fuji en Tokio es uno de los más famosos.
- **Calderas**: son el resultado de grandes erupciones, las cuales hacen que colapse o se derrumbe la parte central o todo el edificio volcánico, dejando un gran cráter o caldera. Una de las más conocidas es la caldera Darwin en las Islas Galápagos.
- **Volcanes en escudo**: son grandes montañas, con pendientes suaves, compuestas por muchas capas finas de lava que se va derramando fuera de un orificio central. El Mauna Loa, en Hawaii, es el más grande del mundo.

- **Domo de lava**: suelen generar estructuras más pequeñas que los anteriores con fuertes pendientes. Son el resultado de la acumulación de lavas muy viscosas y ceniza incandescente. Uno de los más famosos es el Domo de lava del volcán Paluweh, en la isla de Palu'e, Indonesia.
- **Cono de cenizas o escoria**: son algunas de las formaciones volcánicas más comunes que se encuentran en el mundo. No son muy famosas, ya que sus erupciones no causan ninguna pérdida de vida. Crecen rápidamente y se acercan a su tamaño y rara vez superan los 250 metros de altura y 500 metros de diámetro. Uno de los más conocidos es el Cono de cenizas Paricutín, en Michoacán, México.

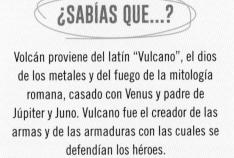

¿SABÍAS QUE....?

Volcán proviene del latín "Vulcano", el dios de los metales y del fuego de la mitología romana, casado con Venus y padre de Júpiter y Juno. Vulcano fue el creador de las armas y de las armaduras con las cuales se defendían los héroes.

DOMO DE LAVA DEL VOLCÁN PALUWEH

EL 2018 FUE UN AÑO QUE
ME LLEVÓ POR TODOS LOS
CONTINENTES.
CRUCÉ LOS DOS CÍRCULOS
POLARES SOBREVOLANDO
ALASKA CAMINO A JAPÓN
Y LA GRIETA ANTÁRTICA
QUE SEPARÓ AL BLOQUE
DE HIELO DE LA BARRERA
LARSEN C.

VUELTA AL MUNDO EN
365 DÍAS

Crónica de un sueño cumplido

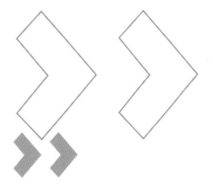

ASIA: LA AVENTURA COMIENZA

Todo comenzó durante un largo viaje a Japón. La excusa fue un eclipse total de Luna visible en el este de Asia y en Oceanía. El 31 de enero plantamos nuestro telescopio en el cruce peatonal más utilizado del mundo y transmitimos en vivo la totalidad del eclipse. En nuestra estadía en el país del sol naciente visitamos cuevas, volcanes y recorrimos la zona afectada por el gran tsunami de 2011. Llegamos hasta el corazón de Fukushima. Ingresamos a los reactores nucleares que desataron uno de los peores accidentes nucleares de la historia y hasta comimos comida cosechada en la zona que hasta hacía muy poco estaba contaminada con radiación proveniente de tres de los reactores que estallaron luego del tsunami. Con este viaje dábamos por cumplida la primera misión, **Asia**.

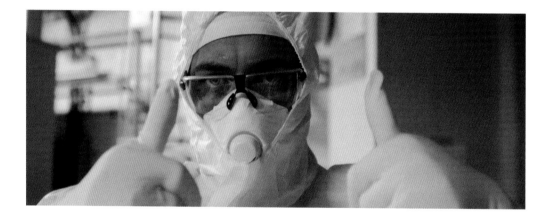

VOLCÁN SAKURAJIMA (JAPÓN), 2018.

ANTÁRTIDA: RUMBO AL CONTINENTE BLANCO

El siguiente paso fue llegar al continente al que muy pocos logran llegar, la **Antártida**. Invitados por el Instituto Antártico Argentino, pudimos viajar a la Base Marambio. Es la mayor de las bases antárticas argentinas y para llegar tuvimos que viajar en un avión de la Fuerza Aérea argentina conocido como Hércules. El vuelo comienza en el sudeste de la provincia de Santa Cruz desde el aeropuerto de Río Gallegos. Al llegar fuimos muy bien recibidos por la gente de la Base. Nos quedamos una semana y dormimos en el rompehielos Almirante Irízar, toda una insignia de la Armada Argentina. El objetivo central del viaje fue volar y traspasar el círculo polar antártico y sobrevolar el témpano que acababa de desprenderse de la barrera de hielos Larsen C. Fue una experiencia increíble e inolvidable. Integrar la reducida lista de personas que lograron esta misión es y será un motivo de orgullo y agradecimiento eterno a todos los que nos permitieron hacerlo.

AMÉRICA: ENTRE HURACANES Y TORNADOS

Si bien durante 2018 pude recorrer la Argentina, los trayectos más largos por América fueron durante tres viajes por América del Norte.

Estados Unidos fue el destino de mayo, para cazar tornados, y en septiembre, para cubrir el huracán Florence que golpeó las costas de Carolina del Norte. En esa oportunidad, recorrimos las calles de Wilmington en el mismo momento en que el huracán llegaba a la ciudad y vivimos una odisea para poder volver a casa porque todas las rutas permanecían inundadas incluso hasta tres días después del paso del huracán. Cuando todo terminó, viajamos a México para tomarnos un merecido descanso.

EUROPA: A LA CAZA DE AURORAS BOREALES

Estábamos en la Base Marambio y sonó el teléfono. Era la producción de nuestro programa de televisión *Fenómenos*: la consigna fue que la primera emisión debía hacerse desde algún lugar increíble del planeta. Me preguntaron qué se me ocurría y propuse ir a Islandia. De esta forma, y casi sin escalas, volamos con destino a **Europa**, para transmitir en vivo las increíbles auroras boreales, un espectáculo inigualable y recomendable para experimentar al menos una vez en la vida. Además de las auroras, Islandia posee un paisaje moldeado por volcanes y hielo. Allí tuvimos la posibilidad de pisar al mismo tiempo dos placas tectónicas diferentes: un pie en Euroasia y el otro sobre la placa norteamericana.

© Pablo Cirielli

ÁFRICA: ENTRE LEONES Y METEORITOS

Sudáfrica fue el destino siguiente. Un eclipse total de Luna, el más largo del siglo, sería visto desde todo África y Europa. Llegamos allí para trasmitir en vivo desde la terraza de un edificio en Johannesburgo. Durante la estadía, recorrimos el Parque Nacional Kruger, la mina de diamante más famosa del mundo, una cueva poco conocida que podría estar entre las más antiguas del mundo generadas por el impacto de un asteroide gigante hace dos mil millones de años. Otra experiencia que nunca olvidaré en mi vida. También caminamos por el interior del cráter Tswaing, fruto del impacto de un gran meteorito.

© Diego Spairani

OCEANÍA: EL BROCHE DE ORO

El último continente para completar la vuelta al mundo fue **Oceanía**. Llegué allí llevado por mi sueño de recorrer todos los continentes en un mismo año. Junto a mi novia y una pareja amiga recorrimos el este de Australia de Norte a Sur, desde Cairns hasta Sidney en motorhome. Visitamos la Gran Barrera de Coral y Whitsunday Island, dos paraísos de aguas cristalinas repletos de paisajes increíbles y animales peligrosos.

Este destino puso término a un año inolvidable y motivador en el que coseché recuerdos que atesoro. Siempre estaré agradecido a mi trabajo y a quienes confían en mí para mostrar el mundo desde un punto de vista interesante que lo vuelva atractivo para los televidentes.

PLANETA
EXTREMO

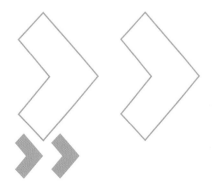

EL CAMBIO CLIMÁTICO ES HOY

Ya está entre nosotros. Está en marcha

LOS GUARDIANES DEL CAMBIO CLIMÁTICO

El Panel Intergubernamental sobre el Cambio Climático (IPCC) es el órgano encargado de evaluar los conocimientos científicos referidos a esta problemática. Fue creado en 1988 por la Organización Meteorológica Mundial y el Programa de la ONU para el Medio Ambiente con el fin de facilitar información fidedigna y periódica a los encargados de tomar decisiones políticas que minimicen futuros riesgos, mejorar medidas de adaptación y mitigación, frente a una problemática que avanza contrarreloj. El IPCC no lleva a cabo una labor de investigación propia, sino que señala los casos en los que existe un acuerdo en la comunidad científica, los casos en los que hay diferencias de opinión y los casos en los que se necesita más investigación. A continuación, se presentarán algunas de las evidencias que el IPCC reconoce como válidas y que demuestran que el cambio climático ya está en marcha.

EVIDENCIAS DE UN PROCESO EN MARCHA

El IPCC ha recaudado información sobre los cambios que experimenta el planeta en el pasado reciente. Las evidencias del cambio climático son significativas en los aspectos más diversos, desde la temperatura global hasta la salud de la población mundial. Según los últimos datos publicados en 2013, el IPCC señala:

- Las concentraciones de **dióxido de carbono** han alcanzado **niveles sin precedentes** en, al menos, 800 000 años.

- La **temperatura media global ha aumentado** en 0,85 °C entre 1880 y 2012, tanto la de la superficie de los océanos y como la de los continentes.

- Se ha registrado **un aumento del nivel del mar**, a un ritmo de 2,8 mm por año entre 1901 y 2010. En total aumentó 0,19 metros en este período debido a la expansión térmica oceánica provocada por la dilatación que genera su calentamiento. En menor medida, el aumento del mar se debe al deshielo de los glaciares y de los hielos polares.

- En cuanto a las **precipitaciones,** y a pesar de lo variado que suelen ser sus patrones, el IPCC considera probable que en promedio se haya registrado **un aumento de las lluvias continentales** en latitudes medias del hemisferio norte. También considera como probable que hayan disminuido en el Mediterráneo, África Subsahariana, Centroamérica y en muchas zonas de Asia.

- Se han detectado que **fenómenos extremos** como sequías, días cálidos y olas de calor, **han aumentado su intensidad promedio.** Lo mismo sucede con la frecuencia de precipitaciones intensas, inundaciones e incendios forestales. Los tiempos de recurrencia, es decir, el periodo entre dos eventos extremos, se han reducido en algunos casos en un 20 %. Esto significa que en algunos lugares de la Tierra olas de calor que en promedio se daban cada 75 años ahora se están registrando cada 15.

- Del aumento de la temperatura global resulta el **deshielo de glaciares** y el descongelamiento del hielo permanente presente en el suelo en latitudes altas del hemisferio norte llamado **permafrost.** La inestabilidad del permafrost y de los lagos congelados del Ártico es muy preocupante porque en ellos se retienen grandes cantidades de **gas metano** que al derretirse se libera en la atmósfera potenciando el **calentamiento global.**

- Los **recursos hidrológicos están siendo afectados en cantidad y calidad** por el derretimiento de nieve y hielo y por las cambiantes lluvias. Existe evidencia de muchas especies terrestres, de agua dulce y salada, que han modificado sus áreas de distribución geográfica, actividades estacionales,

DESHIELOS

DESHECHOS

pautas migratorias, abundancias e interacciones con otras especies en respuesta al cambio climático en curso. Se ha detectado un desplazamiento lento de la flora y la fauna a mayores alturas y hacia los polos.

- En el mar, la acidificación, los cambios de salinidad no concordantes con las variaciones naturales conocidas, cambios en la circulación del agua y de los niveles de oxígeno, **han modificado la distribución y la abundancia de algas, plancton y peces.**

- Algunas **actividades humanas**, como la agricultura, también se han visto **afectadas por el aumento de temperatura.** Los impactos negativos en el rendimiento de cultivos han sido mayores que los positivos como en el caso del trigo y el maíz. Esto llevó a un replanteo de las fechas de siembra por los cambios del clima y ocasionó fuertes variaciones en los precios de los alimentos asociados con fenómenos meteorológicos extremos.

- La **salud humana** también se ve afectada por esta problemática. En algunas regiones ha **aumentado la mortalidad** frente a las cada vez más frecuentes e intensas olas de calor. Asimismo, en algunos países del hemisferio norte se realizaron modificaciones en los calendarios de los pólenes alergénicos y se han registrado **cambios en la distribución de algunas enfermedades transmitidas por el agua o insectos.** Por ejemplo, los cambios en las condiciones ambientales permiten la proliferación de los mosquitos *Aedes aegypti* y *Aedes albopictus* en lugares donde antes no lograban sobrevivir. Con ellos, se ha expandido la frontera de **enfermedades** como la malaria, el dengue, la fiebre amarilla, chikungunya y zika.

DERRAME DE CRUDO

¿CÓMO REACCIONAR AL CAMBIO CLIMÁTICO?

Una respuesta rápida, colectiva y justa para todos

Dado que el cambio climático está en marcha, aquí y ahora, es de vital importancia modificar nuestra manera de vivir y de consumir. Todos los países de la Tierra deben acordar políticas para disminuir la cantidad de emisión de gases de efecto invernadero (GEIs) y para adaptarnos a los cambios climáticos actuales y futuros.

Uno de los problemas centrales a la hora de establecer acuerdos es la desigualdad social y económica. Los países subdesarrollados, o en vías de desarrollo, que cuentan con menos recursos que las grandes potencias, sufren más las inclemencias climáticas debido a su mayor vulnerabilidad. Además, la manera de producir alimento y energía de los países subdesarrollados es mucho más contaminante que las técnicas de producción agrícola y la energía limpia con la que se nutren los países más avanzados. Por este motivo, debe contemplarse el aporte de ayuda económica, en forma de inversiones, para los países en desarrollo. Por su parte todos los países deben intentar que sus emisiones no sigan subiendo y hasta, en un futuro para nada lejano, emitir menos que en el presente para luego emitir valores similares a los de la revolución industrial.

Si este plan global funciona, podremos detener el aumento de temperatura asociado al cambio climático generado por el hombre. Mientras tanto, debemos optimizar el uso de los recursos naturales para que los efectos adversos no se potencien.

MISIÓN URGENTE: 2 °C

El documento resultante del acuerdo climático global firmado en 2015 en París por 174 países y la Unión Europea enumera entre los objetivos principales el siguiente:

"Mantener el aumento de la temperatura media mundial muy por debajo de 2 °C con respecto a los niveles preindustriales, y proseguir los esfuerzos para limitar ese aumento de la temperatura a 1,5 °C con respecto a los niveles preindustriales (1850), reconociendo que ello reduciría considerablemente los riesgos y los efectos del cambio climático".

EL FUTURO DEL CLIMA

Para poder prever el futuro, los climatólogos contamos con modelos de simulación del clima. Las proyecciones climáticas parten de escenarios supuestos de emisiones, concentraciones, etc., que pueden cumplirse o no, pero que permiten acceder con anticipación a un abanico de resultados *a priori* para alertar a la población sobre cuáles serían las consecuencias de la toma o no de medidas para la reducción de emisiones.

No es lo mismo hablar de predicciones climáticas que de proyecciones climáticas. Las predicciones climáticas proporcionan información en un futuro relativamente cercano (no superior a un par de décadas), mientras que las proyecciones climáticas proporcionan información sobre el estado del clima a largo plazo y están condicionadas por los diversos escenarios. Ambas conforman una especie de **laboratorio virtual de la atmósfera.**

Teniendo en cuenta que la emisión global de GEIs dependerá de la toma de conciencia colectiva y de la voluntad y la capacidad de los miembros del acuerdo para reducirla, se considera un abanico de escenarios futuros que va desde el más optimista, con una reducción total de las emisiones globales, hasta el peor posible, en el que las emisiones aumenten a un ritmo mayor que las vigentes. Estos escenarios alimentan las simulaciones climáticas que ofrecen en cada caso las consecuencias esperables.

PLANETA EXTREMO: EL FUTURO DEL CLIMA

Existen **dos posturas opuestas** que dividen la opinión pública frente a la problemática del cambio climático. Una considera que el clima está cambiando por **cuestiones naturales ajenas a las emisiones de gases de efecto invernadero (GEIs) ocasionadas por el hombre**, y la otra que apunta a **la actividad humana como la principal causa**.

La mayoría del minúsculo primer grupo *desconfía* de los organismos que se encuentran al frente de la temática y de sus intenciones. Descalifican las investigaciones científicas y los datos utilizados por considerarlos tendenciosos. Además, reniegan de cómo se distribuyen los fondos destinados a las investigaciones. Creen que muchos científicos que afirman el cambio climático dependen de estos fondos que se reparten, según ellos, a discreción. Si bien reconocen cambios en el clima, argumentan que estos se asocian con motivos naturales como cambios en la órbita terrestre y variaciones en la radiación solar que llega al planeta. Asimismo, afirman que la Tierra ya ha pasado por situaciones como la actual y que en épocas pasadas los humanos hemos atravesado periodos aún más cálidos que el actual.

El segundo grupo, ampliamente mayoritario, *afirma que muchos de los cambios del clima se deben a la actividad humana*. Si bien aceptan motivos naturales, ven en ellos un impacto mínimo como para considerarlos la causa principal. También hacen hincapié en que los cambios que estamos registrando hoy en día se están dando a una velocidad mucho mayor que los cambios naturales reconstruidos. Por lo tanto, intentan generar hábitos y políticas globales para detener y revertir la tendencia de emisión de GEIs y estimular una rápida adaptación a los cambios que ya están en marcha. Dentro de este grupo se discute cómo llevar adelante las reformas globales urgentes. El punto central de la discrepancia surge de la desigualdad social y económica que existe entre los países desarrollados y en vías de desarrollo frente al mismo escenario global.

Cada uno de estos grupos tiene un *minúsculo subgrupo de fanáticos*. Como todos los fanatismos, **no le hacen ningún favor a su causa**. De un lado, se paran los que creen que nada de lo hecho por el hombre ha modificado el clima, y del otro, los que afirman que todos los fenómenos extremos son el resultado del accionar humano. Estos últimos, incluso, suelen recurrir a grandes titulares sensacionalistas y apocalípticos que, en lugar de despertar conciencia, solo causan temor.

Personalmente, *no concuerdo con ninguno de las dos posiciones*, ya que sus afirmaciones no provienen de investigaciones científicas convincentes.

Lamentablemente, algunas porciones de la sociedad de algunos países ven el cambio climático como una herramienta de aprovechamiento personal. De un lado y del otro, asistimos a países y empresas que argumentan que el ser humano no ha influido en el clima solo para que sus ganancias o su predominio no se vean afectados, o políticos que utilizan los argumentos del cambio climático y la ocurrencia de fenómenos extremos "inéditos" para justificar la falta de obras de sus gobiernos.

Al margen de toda subjetividad, **será vital la actitud que todos tomemos ante esta problemática innegable**. Creo que el clima está siendo en parte modificado por el ser humano y dependerá de nosotros **generar medidas y políticas globales justas** para todos los países del planeta. El éxito de los pactos que se lleven adelante dependerá de cómo se ayude a los países subdesarrollados en la mitigación del cambio climático y en la adaptación de sus efectos. Los países desarrollados, que en el pasado han emitido gran cantidad de GEIs, ocasionando el calentamiento actual, están en mejores condiciones competitivas para emitir cada vez menos GEIs en la actualidad. En cambio, los países en vías de desarrollo son los más vulnerables a los impactos del clima actual y no cuentan con recursos suficientes para modificar sus técnicas de producción de alimentos y energía en pos de reducir sus emisiones en un futuro cercano.

Las medidas para la mitigación del cambio climático incluyen:

· la **reducción del consumo de hidrocarburos** y su sustitución por fuentes de energía renovables como la hídrica, la solar y la eólica.
· la **modificación de las técnicas del uso del suelo**, promoviendo la sustentabilidad de las actividades agropecuarias y del sector forestal.
· toma de **conciencia, reacción y políticas justas**, con ayuda en forma de inversión, de los países desarrollados hacia los que aún se encuentran en vías de desarrollo.

Si bien son muchos los países que creen que es muy costoso modificar los hábitos actuales, gran parte de los informes concluyen en afirmar que **tomar medidas contra el cambio climático será mucho menos costoso que no hacerlo**.

Lo más peligroso es que, de no actuar a tiempo, las consecuencias en pérdidas **no serán medidas en dinero sino en vidas humanas**.

ÍNDICE